인문학
스캔들

유치환 ⋯ 이영도

Frédéric François Chopin ⋯ George Sand

Isadora Duncan ⋯ Sergei Aleksandrovich
Esenin

한 편의 드라마 같은
예술가들의 삶과 사랑

지은이 박은몽

인문학 스캔들

책/이/있/는/풍/경

내겐 건너지지 않는

바다 하나 너무 깊었다.

이제 혼자서 노를 저을 수 있겠다.

로댕이란 바다를 건널 수 있겠다.

꿈 하나를 깨는 데

일생이 걸렸구나.

차례

당신은
나의 뮤즈,
포기할 수
없어요

I

난
후회하지
않아요

II

버릴 수도
가질 수도 없는
사랑

III

죽음이
우리를
갈라놓을지라도

IV

I

당신은 나의 뮤즈,
포기할 수 없어요

우리가 여기서 만나게 된 것은

어느 별이 도운 것일까요?

자유연애로
평생 사랑을
즐기다

§

니체, 릴케, 프로이트를
천재로 만든 루 살로메의 사랑

어떤 만남은 정신적 만족을 주고 어떤 만남은 육체적 만족을 준다. 어느 것 하나 덜 중요하거나 더 중요할 수 없어서 우리는 살아가며 두 가지 모두의 충족을 추구하지만 모두를 만족시키는 완벽한 만남을 찾기는 힘들다. 그래서 서로가 서로의 부족을 알고 이해하면서 살아가는 것이 평범한 우리들의 모습이자 또 평범하기에 더 위대할 수 있는 삶의 모습이 되곤 한다. 그런데 그러기를 거부한 삶이 있다. 완벽을 추구했던 까닭일까? 그녀는 정신적 만족을 주는 남자와 육체적 만족을 주는 남자를 구분하여 많은 사람과 사랑을 나눔으로써 최고의 만족을 누렸다.

결혼이라는 제도도 여자에 대한 통념도 그녀는 넘어섰으며 오직 자신이 느끼고 생각하고 믿는 것을 위해 살았다. 자유연애로 19세기를 풍미하며 많은 남자들에게 영감을 주는 뮤즈로 살아간 루 살로메이다.

"남자들이 원하는 것에 신경 쓰지 마세요. 우리의 유일한 주인인 신께서 요구하는 것을 하세요. 거기에 자유가 있습니다."

루 살로메가 남긴 말은 지금 시대에 들어도 파격적인 면이 있다. 더구나 그녀는 생각만으로 끝낸 것이 아니라 실제로 그런 삶을 살았다. 21세기의 여성에게도 쉽지 않아 보이는 삶이 19세기의 인물인 루 살로메에게 어떻게 가능했을까? 그건 단순히 외양적인 매력 때문만은 아니었던 것으로 보인다.

1861년 러시아에서 5남 1녀 중 막내로 태어난 그녀는 다섯 오빠와 아버지의 사랑을 듬뿍 받으며 자랐고 어려서부터 철학과 종교, 예술에 흥미가 많은 데다 진취적이고 독립적인 성격을 지니고 있었다. 19세가 되던 해에 당시 여성을 받아주는 몇 안 되는 대학 중 하나였던 취리히 대학에 진학한 그녀는 당대의 석학, 예술가, 정신분석학자들과 상대해도 조금도 밀리지 않는 감각과 지식과 통찰력을 지니고 있었다. 거기에 그녀의 미모가 더해져 다른 어떤 여자들과도 대체할 수 없는 매력을 발산할 수 있었던 것이다.

하룻밤 유희를 즐길 수 있는 여자는 많아도 정신적 교감과 풍부한 대화를 나눌 만큼 지성을 갖춘 여성은 흔치 않은 법이다. 더구나 당대 최고의 수준에 올라 있는 내로라하는 천재들과 지적인 교감을 나눌 수 있는 여성은 더욱 드물었다. 니체, 릴케, 프로이트 등의 천재들은 자신과 정신적 교감이 가능한 영혼과 지성의 동반자가 될 수 있는 여성에 목말랐고 루 살로메는 그런 천재들의 갈증을 해소해주기에 모자람이 없는 여성이었다.

철학자 니체와의 이상한 동거

1882년, 젊은 철학자 니체는 로마에 머물던 중 성 베드로 성당에 갔다가 한 여자를 발견한다. 그것은 분명 니체에게 '발견'이었던 것 같다. 니체는 그녀에게 다가가 정중하게 허리를 굽혀 인사하고는 이렇게 말했다.

"우리가 여기서 만나게 된 것은 어느 별이 도운 것일까요?"

21세의 아가씨는 은빛이 감도는 금발머리에 남다른 총기로 빛나는 눈을 갖고 있었다. 그녀에게는 38세의 니체 이외에도 여러 명의 남자들이 구애를 하고 있었는데, 그중에서도 가장 적극적으로 구애를 벌이고 있는 이는 바로 파울 레라는 철학자였다. 파울 레는 니체의 친구이기도 하여 니체가 살로메를 만나기 전부터 그는 친구인 니체에게 보내는 편지에 살로메에 대한 숭배의 글들을 적어 보내곤 했다. 그러니 니체는 루 살로메를 만나기 전에 이미 그녀에 대해 알고 있었으며 보자마자 첫눈에 그녀에게 빠져들고 만 것이다.

하지만 루 살로메는 남자들의 인기에 우쭐하며 자기 자신을 잃어버리는 단순한 여자가 아니었다. 파울 레가 사랑 고백을 할 때도 루는 이렇게 말했을 뿐이다.

"왜 남자들은 여자들과 우정을 나눌 수 없는 건가요? 남자들과 단순하게 우정만 나누려면 어떻게 하면 될까요?"

그러나 파울 레는 자신의 사랑을 쉽게 접을 수 없었다. 루 살로메는 쉽게 가질 수 없는 여자였지만 그렇다고 쉽게 포기가 되는 여자도 아니었다. 파울 레의 구애가 계속되자 루는 아주 특별한 제안을 하게된다.

"우리가 함께할 수 있는 길이 있어요. 그것은 지적 삼위일체를 이루는 것이에요."

파울 레, 그의 친구 니체, 루 살로메, 이렇게 세 사람이 지적 삼위일체를 이루고 한 집에서 함께 살자는 것이었다. 평범한 제안은 아니었다. 한 남자로서 여자의 사랑을 구하는 파울 레에게 루 살로메는 소유하지 않는 완벽하게 자유로운 사랑, 성적 결합 없이 정신적인 합일을 이루는 관계를 요구했다. 두 남자가 루의 뜻을 받아들임으로써 세 사람의 특별한 동거가 시작되었다.

세 사람은 이를 기념하여 사진을 남겨놓았는데, 흔히 루 살로메와 니체를 이야기할 때 빠지지 않고 등장하는 유명한 사진이다. 여기에는 두 남자가 한 여자를 얼마나 숭배하고 있는지 잘 나타나 있다. 루는 수레 위에 앉아 있고 레와 니체는 수레를 끌고 있다. 수레 위에 앉은 루의 손에는 채찍이 들려 있다. 이때 사진이 니체의 운명을 예언한 것인지, 훗날 루 살로메에게 거절당한 후 니체는 "여자를 이해하려 하는가, 그렇다면 채찍을 잊지 마라"라는 말을 하기도 했다. 루 살로메에게 잔인하게 거절당한 후 죽을 때까지 상처에서 벗어나지 못

▌루 살로메와 레, 니체

한 니체의 이 말을 생각하면서 이 사진을 다시 보면, 채찍을 들고 있
는 루 살로메의 강한 눈빛이 더욱 예사롭지 않게 느껴진다.

루 살로메에 대한 니체의 사랑은 단순히 성적 호기심이나 호감을
훨씬 넘어서는 것이었다. 니체는 살로메에 대해 "늘 놀라우리만치 내
사고방식과 사상에 꼭 들어맞는 사람"이라고 말하곤 했다. 그만큼 루
살로메는 니체에게 영혼과 철학의 동반자로 보였던 것이다. 그러니
어떻게 쉽게 포기할 수 있었겠는가.

처음 니체가 사랑을 고백했을 때 살로메는 즉각 거절하면서도 그
에게 키스를 퍼붓는 모순된 행동을 보였다. 니체는 더욱 혼란스러워
하면서 그녀에게 집착하게 되었지만 끝내 그녀의 사랑을 얻는 데는
실패했다. 두 번씩이나 청혼을 했으나 거절을 당한 그는 홧김에 고향

으로 돌아가버렸고, 레와 루가 동거를 계속하고 있다는 소식을 멀리서나마 접하고 분노했으며(결국 레도 루에게 버림받게 되지만) 평생 배신감에 치를 떨었다.

실연의 아픔에 빠진 니체에게 한 가지 할 일이 있었다. 1881년부터 구상하기 시작하여 루 살로메를 만나는 동안에도 그녀와 여러 번 토론을 했던 책을 집필하는 것이었다. 바로 《차라투스트라는 이렇게 말했다》이다. 그는 루와 헤어진 해 겨울 제네바로 가서 1883년 2월 집필에 몰두했다. 상처는 그를 고독하게 했고 고독은 그로 하여금 모든 세상일로부터 자신을 격리시키며 일에 집중하도록 만들었다. 철학자 니체를 대표하는 역작 《차라투스트라는 이렇게 말했다》는 그렇게 탄생했고, 니체 스스로도 이 작품은 루 살로메가 없었다면 탄생하지 못했을 것이라 인정한 바 있다.

또 니체는 자신의 어머니에게 이런 편지를 보냈다.

"이제까지 그 아가씨처럼 재능 있고 사색이 깊은 사람을 만난 적이 없습니다. 우리는 30분만 함께 있으면 서로 크게 얻는 점이 있으므로 둘 다 행복해집니다. 짧은 시간 안에 내 최대 저작을 완성할 수 있었던 것은 우연이 아닙니다."

역작을 완성했음에도 불구하고 니체의 말년은 행복하지 못했다. 그는 고독한 생활을 하다가 정신이상으로 인해 정신병원에서 생애를 마감했다. 그는 그곳에서 "나는 그때도 그녀를 사랑했고, 지금도 그녀를 사랑한다"라는 기록을 남겼다.

장미의 시인 릴케를 만나다

1897년, 22세의 무명 시인 릴케가 36세의 루 살로메 앞에 나타났다. 아니, 릴케의 인생에 루 살로메가 나타났다는 것이 더 적절한 표현이리라. 루 살로메의 삶에서 릴케는 일부분일지 모르지만 릴케의 삶에서 루 살로메가 차지하는 비중은 그저 지나가는 인연 정도가 아니었으니 말이다. 감수성이 풍부했던 젊은 시인은 루 살로메의 마력에 금세 빨려들었다.

당시 루 살로메는 법적으로 유부녀였다. 니체와 헤어진 후 레와 (섹스 없는) 동거를 지속하다가 안드레아스라는 중년의 남자와 결혼을 했던 것이다. 물론 루가 사랑해서 한 결혼은 아니었다. 안드레아스가 칼로 자해를 하며 결혼해주지 않으면 죽어버리겠다는 엄포를 놓는 바람에 이뤄진 결혼이었고, 그나마 루 살로메다운 조건이 붙은 평범하지 않은 결혼이었다.

"섹스는 불가! 일체의 구속을 거부하며 다른 남자와의 자유연애를 허락해야 한다."

루는 이 조건을 몸으로 실천해 보였다. 결혼은 했으나 남편에게 구애받지 않았다. "결혼이란 서로에게 맞추는 것이 아니라 어깨를 나란히 하며 살아가는 것"이라고 말하는 그녀에게 결혼은 구속이 될 수 없었고, 릴케는 유부녀 루 살로메의 자유연애에 정점을 찍은 인물이었다.

두 사람은 뮌헨의 소설가 야콥 바서만의 집에서 열린 다과 모임에서 처음 만났다. 처음 만난 순간부터 릴케는 루에 대하여 뜨거운 격정과 설렘을 느꼈다. 그도 그럴 것이 그는 이미 루 살로메의 에세이 〈유대인 예수〉를 읽고 작가인 루를 흠모하고 있었기 때문이다. 그런데 실제로 만난 루의 미모와 지적이면서도 활달한 매력은 릴케의 마음을 더욱 세차게 흔들어놓았다. 첫 만남 이후 그는 그녀에게 이런 편지를 썼다.

> 친애하는 부인, 당신과 내가 보낸 어제의 그 황혼의 시간은 처음이 아니었습니다. 당신의 에세이를 읽던 그 황혼의 시간부터 나는 당신과 단둘이서 있었습니다.

루 역시 릴케에게 끌렸다. 니체 등과 정신적 교감을 나누고 파울레와 2년 동안 동거하면서도, 또 법적인 남편 안드레아스와 살면서도 성관계를 허락하지 않았던 루는 릴케를 만난 그해에 릴케의 아이를 임신하고 낙태시술을 받게 될 정도로 다른 모습을 보였으니 말이다.

릴케에게는 어린 시절의 상처가 있었다. 갓 태어난 딸을 잃은 충격으로 아들인 릴케에게 여자 옷을 입혀 키우고, 남편과 헤어진 후에는 지나친 군사교육까지 강요하는 어머니에 대해 트라우마가 깊었던 이 젊은 시인에게 14세 연상의 루 살로메는 따뜻한 품을 가진 어머니와도 같았다. 또한 해박한 지식과 예술적 통찰력을 지닌 그녀는 시인에게 멘토이자 코치가 되어주기도 했다.

"르네 마리아 릴케는 여자 이름 같아. 라이너 마리아 릴케로 필명

릴케와 루 살로메

을 바꾸는 게 어때?"

"필체가 싸구려 같아. 좀 더 반듯하고 우아한 필체로 바꿔야겠어. 그래야 시인의 품격을 느낄 수 있을 테니까 말이야."

"사람들은 당신을 여자 같고 연약한 시인이라고 오해하지만 내 생각은 달라. 당신은 강철처럼 견고하고 진정 남자다운 매력으로 가득한 예술가야. 당신의 감성을 깨워봐."

릴케는 루의 조언에 따라 이름을 바꾸었고(루가 지어준 새 이름인 라이너 마리아 릴케를 죽을 때까지 사용했다), 필체도 바꾸었다. 그리고 루가 데리고 간 두 번의 러시아 여행은 릴케의 감성을 깨우고 정신적 지평을 놀랍도록 넓혀주었다. 릴케는 루를 통해 그동안 숭배해온 레오 톨스토이를 만날 수 있었고, 보리스 파스테르나크(《닥터 지바고》로 노벨문학상을 받게 될 인물)와 알게 되어 평생에 걸쳐 편지를 주고받는 인연을 맺기도 했다. 처음 만났을 때만 해도 릴케는 작가 지망생이나 마찬가지인 무명 시인에 불과했지만 루와 함께한 4년 동안 이 풋내기 시인은 위대한 감성을 지닌 시인으로 성장해나갔다.

그러나 루와 릴케에게도 이별의 시간이 다가왔다. 릴케는 대단히 예민하고 병적인 신경질을 보였는데 그런 릴케를 루는 더 이상 견딜 수가 없었던 것으로 보인다. 루가 정신과 의사 피넬레스에게 릴케의 상태를 의논하자 이런 답변이 돌아왔다.

"릴케의 상태는 정상으로 볼 수 없습니다."

사실 피넬레스는 루 살로메에게 사심을 가지고 있었기 때문에 릴케에게는 다소 억울한 면도 없지 않았지만 여하튼 루 살로메는 릴케를 떠났다. 그러나 루 살로메와의 4년 동안 인식의 지평을 넓힌 릴케는 이 무렵부터 마치 날개를 단 듯 걸작들을 쏟아내기 시작했다. 릴케는 결혼을 하고 가정을 꾸렸지만 안주하지 않고 많은 여성들과 염문을 뿌렸다. 그럼에도 불구하고 그는 루에 대한 미련을 완전히 버리지는 못했다. 두 사람은 완전히 인연을 끊지 않고 평생에 걸쳐 편지를 주고받았으며 릴케는 언제나 자신의 속내를 루에게 털어놓고 조언을 구하곤 했다.

내 눈빛을 지우십시오. 나는 당신을 볼 수 있습니다.
내 귀를 막으십시오. 나는 당신을 들을 수 있습니다.
발이 없어도 당신에게 갈 수 있고
입이 없어도 당신을 부를 수 있습니다.

이렇게 〈루 살로메〉라는 시를 노래하던 릴케. "운명에 따라 그가 내 삶 속으로 들어왔다"고 말하던 루 살로메. 두 사람의 뜨거웠던 사랑은 그렇게 우정으로 이어졌다.

릴케 역시 루 살로메의 남성 편력 중 한 사람에 불과했을까? 스쳐 지나간 인연임은 분명하지만 다른 만남과는 밀도가 달랐던 것 같다. 루가 회고록에 다음과 같은 글을 남겼기 때문이다.

오랫동안 당신의 아내였습니다. 왜냐하면 내게 있어 당신은 첫 실재였으며 당신을 통해 육체와 정신이 분리될 수 없는 하나가 되었기 때문입니다. 당신이 사랑을 고백하면서 한 말 '당신만이 진실입니다' 하는 바로 그 말을 나도 그대로 당신에게 고백할 수밖에 없습니다.

훗날 릴케는 1926년 51세의 나이에 백혈병으로 사망한다. 니체는 이미 1900년에 정신병원에서 임종을 맞았고 그 다음 해인 1901년, 파울 레가 루와의 추억이 깃든 인(Inn) 강의 절벽 아래로 몸을 던져 자살한 지 20여 년이 흐른 뒤였다.

정신분석학자 프로이트를 매료시킨 여인

1911년, 50대에 접어든 루 살로메는 바이마르의 국제정신분석학회 회의에서 55세의 지그문트 프로이트를 만났다. 당시 루 살로메는 여러 편의 소설과 평론으로 알려진 작가였고 프로이트는 정신분석학 분야에서 절대 권위를 지닌 인물이었다. 빈의 상류층 사람들이 말러의 음악을 듣고 클림트의 그림을 보고 프로이트의 상담실을 찾는 것을 최고의 고급스러운 생활로 받아들일 만큼 프로이트는 자기 인생의 최고 전성기에 있었다. 그런 프로이트 역시 루 살로메의 자신감과 지적 통찰력에 매료되었다.

물론 그도 루 살로메가 마녀로 불릴 정도로 남성 편력을 가진 여성이라는 것을 모르지 않았다. 니체나 릴케와의 염문설도 이미 잘 알려진 사실이었다. 그러나 그 모든 염문에 프로이트는 그다지 개의치 않았다. 정신분석학에 매료된 루 살로메는 이미 50줄의 나이였음에도

▌ 1911년 바이마르 국제정신분석학회 참석자 중
프로이트(중앙)와 루살로메(앞줄 왼쪽 두 번째)

지적 호기심에 눈을 빛내며 프로이트에게 말했다.

"나는 선생님의 제자가 되고 싶습니다."

프로이트는 제자를 받아들이는 데 무척 까다로운 사람이었음에도 불구하고 그녀를 애제자로 받아들였다. 말이 제자였지 프로이트는 루를 동반자적 파트너로 여겼다. 그리고 그의 애정은 스승으로서의 감정이나 인간적 호의를 넘어 연애감정으로까지 발전한 것이 분명하다. 루 살로메는 정신분석학을 좀 더 폭넓게 알기 위해 프로이트뿐 아니라 아들러와도 교류를 가졌는데, 프로이트는 이런 루 살로메의 행동을 질투 없이 무심하게 받아들일 수 없었다. 그녀에게 보낸 편지에 그의 질투와 아쉬움이 묻어 있다.

> 어제 저녁 모임에서 나는 당신이 그리웠습니다. 나는 모임의 청중 가운데 한 사람에게 언제나 내 강의를 들려주고자 하는 나쁜 습관을 가지게 되었습니다. 어제는 당신에게 예약된 빈자리 이외에는 눈길이 가지 않았습니다.

루 살로메가 프로이트가 아닌 아들러가 주관하는 정신분석학 모임에 간 것을 질투하는 남자의 마음이 읽힌다.

프로이트는 루 살로메를 "이해하는 여자"라고 불렀다. 이는 니체가 루에 대해 "세상에서 유일하게 대화가 통하는 여자"라고 칭한 것과 일맥상통한다. 프로이트가 루에게 특별한 애정을 쏟는 동안에도 루 살로메는 프로이트의 제자와 염문설을 뿌리는 등 남성 편력을 그치지 않았지만, 그럼에도 불구하고 프로이트와 루의 정신적 교제와 동반자적 관계는 평생에 걸쳐 이어졌다. 그녀는 니체에게서 천재성을 끄집어내고, 릴케에게 위대한 시적 감성을 깨워주었던 것처럼 프로이트 안의 천재성에 더욱 영감을 불어넣었다.

한 가지 눈길을 끄는 점은 그토록 많은 남자들의 사랑을 받았음에도 불구하고(니체, 릴케, 프로이트 외에도 숱한 저명인사들과의 염문이 있었다), 특히 프로이트는 최고의 전성기를 누리던 남자로서 얼마든지 물질적으로 루 살로메를 부유하게 해줄 수 있었음에도 불구하고, 그녀는 남자들의 경제력에 기대지 않았다는 점이다. 프로이트는 도움을 거절하는, 그러나 결코 부유하지 않은 그녀를 남몰래 돕느라 애를 먹어야 했다. 루 살로메의 이런 면은, 애인이 바뀔 때마다 애인의 도움으로 한 단계씩 성장하면서 샤넬 브랜드를 만든 디자이너 코코 샤넬과는 다소 차별화되는 모습이다.

루 살로메는 언제나 지적 교제, 사랑 그 자체에 집중했을 뿐이다. 비록 그녀는 "일단 사랑이라는 폭풍우가 지나가면 더 이상 휩쓸리지 않아야 해요, 그게 사랑의 속성이에요"라고 말하며 매달리는 연인을 매몰차게 차버릴 정도로 열정이 식은 사랑에 시간을 낭비하길 거부하며 이 사람에서 저 사람으로 자유롭게 넘나들었지만 말이다.

루 살로메는 1937년 76세의 나이로 숨졌는데, 죽기 며칠 전에 이런 말을 남겼다고 한다.

내가 생각을 바꿨더라면 아마 아무도 그들을 발견하지 못했겠지.

그녀도 자신이 세상 사람들에게 그러한 천재를 발견하도록 만들었음을 알고 있었던 것일까?

"루와 사랑을 하면 9개월 만에 대작을 쓸 수 있다"는 말이 돌 정도로 남자들의 천재성에 불을 지펴주었던 그녀 역시 그들과의 관계에서 영감을 받고 많은 작품을 썼다. 니체, 릴케, 프로이트 등과의 만남과 이별을 통해 자아를 발견하고 인생을 배워나가면서 《작품에 나타난 니체》, 《하얀 길 위의 릴케》, 《프로이트에 대한 나의 감사》, 그리고 프로이트와 주고받은 편지를 모은 《편지》 등의 저서를 남기기도 했다.

그녀가 사랑한 것은 사랑의 대상이 되었던 그 남자들이 아니라 사랑의 감정 그 자체가 아니었을까? 그녀는 평상시에는 불가능해 보이는 정신적 도약과 창조를 이뤄주는 에너지가 바로 사랑이라는 비밀을 누구보다 잘 알고 있었던 것 같다.

너무나 지적인
그들의
계약결혼

5

20세기 최고의 지성
사르트르와 보부아르의 사랑

쇼윈도 부부, 디스플레이 부부, 섹스 리스 부부 등 법적으로만 부부일 뿐 그 관계의 실체는 이미 정상적인—아니, '바람직한'이라고 해야겠다. 어떤 것을 정상이라고 정의한다면 그렇지 않은 사람들을 비정상이라고 폄하해야 하므로—부부의 모습에서 벗어난 사람들이 많다. 온갖 모멸과 배신을 넘어 살을 부비며 마음을 섞으며 세월의 강을 지나 반석 같은 부부애로 황혼에 이른다는 것은 참으로 극기의 과정이지만 그만큼 위대해 보이기도 한다. 진정한 부부애란 '남녀 간의 사랑'을 넘어서야 생기는 *끈끈한* 것임이 분명한 모양이다.

인류가 만든 결혼제도는 참 아름다운 것이면서도 일면 부조리한 것이다. 이러한 형식적인 결혼에 대해서 누구보다 회의적인 시각을 가진 여자가 있었다. 현대 페미니즘의 대모이자 여성해방운동의 선구자, 또《제2의 성》등 세계적인 베스트셀러를 남긴 작가이기도 한 시몬 드 보부아르이다.

보부아르는 자서전에 자신의 어린 시절에 대해서 이런 글을 남겼다.

> 아버지는 종종 다음 날 아침이 되어서야 귀가하셨다. 어머니는 고통스러운 진실을 모른 척하는 데 이미 익숙해져 있었다. 어머니는 35세. 성적 관능이 무르익을 나이였다. 하지만 그것을 충족시킬 수가 없었다. 아버지는 매일 밤 그녀 곁에 누웠지만 더 이상 그녀에게 어떤 성적 욕망도 느끼지 않았던 것 같다. 나의 가여운 어머니는 갈망으로 하루하루 여위어갔지만 아버지는 그저 법적 남편일 뿐이었다. 그 이상도 그 이하도 아니었다.

형식적인 결혼에 대해 일찌감치 회의를 갖게 된 탓이었을까? 보부아르는 결혼, 가정에 매몰되는 삶 대신 자유로운 삶을 선택했다. 그녀는 당대 최고의 철학자이자 작가인 장 폴 사르트르와 계약결혼을 감행했다.

함께 살지 않으나 함께 대화하고, 서로 사랑하나 다른 사람과도 성적인 유희를 즐길 수 있는 결혼. 평생에 걸쳐 성의 자유, 사유의 자유, 존재의 자유를 만끽하는 삶을 산 것이다.

사랑은 순수하게, 결혼은 계약으로

사르트르와 보부아르는 1929년에 처음 만났다. 당시 사르트르는 수재들만이 갈 수 있는 고등사범학교를 졸업하고 철학교수 자격시험을 준비하는 24세의 청년이었고 보부아르는 소르본에서 문학사 학위를 받은 후 공부를 계속하고 있는 미모와 지성을 갖춘 재원이었다.

처음부터 사르트르와 보부아르가 연인으로 시작한 것은 아니었다. 보부아르의 남자친구는 마외라는 인물이었는데 그는 사르트르와도 친구 사이로 사르트르 등과 함께 스터디그룹을 만들어 함께 공부하고 있었다. 그러나 마외를 통해 알게 된 사르트르가 마외를 제치고 보부아르의 마음을 훔치게 되는 데는 그리 오래 걸리지 않았다. 평균 키보다 머리 하나만큼 작은 데다 촌스런 뿔테 안경을 쓰고 한쪽 눈이 사시인 이 볼품없는 청년은 다른 남자들이 도저히 따라올 수 없는 지적인 예리함, 풍부한 지식, 유머감각을 무기로 소리 없이 보부아르에게 다가왔다.

사르트르와 보부아르는 그해 철학교수 자격시험에 나란히 합격했다. 사르트르가 수석, 보부아르가 차석이었다. 보부아르는 언제나 사르트르를 이길 수 없었고—보부아르뿐만 아니라 당시 주변 친구들 그 누구도 사르트르의 지식을 넘어서지 못했기 때문에 때로 그는 천재로 불렸다—보부아르는 언제나 풍부한 지식과 창의적인 생각으로 가득 차 있는 사르트르의 매력에 이끌렸다. 물론 사르트르 역시 지적이고 아름다운 보부아르에게 매료되었다. 보부아르는 사르트르를

"지식의 훌륭한 반려자"라 여겼고, 사르트르 역시 보부아르에 대해 "완벽한 대화 상대자"라 칭했다. 다른 어떤 남자와 여자도 서로에게 사르트르와 보부아르를 대신할 수 없었다.

시험이 끝난 뒤 두 사람은 부쩍 가까워졌지만 이때 보부아르가 가족들과 함께 시간을 보내기 위해 한 달 동안 떨어져 있게 되었다. 사르트르는 보부아르가 가족들과 머무는 메리냐크로 찾아갔다. 그리고 너무나 지적인 이들이 너무나 원초적으로 메리냐크 들판에서 처음으로 한 몸이 되었다.

이 일을 계기로 두 사람의 사랑은 더욱 불타올랐다. 사르트르는 군 입대를 앞두고 보부아르에게 마침내 청혼을 했다. 그런데 뜻밖에도 보부아르가 결혼에 대해 부정적인 입장을 보이자 사르트르는 다른 방법을 제시하기에 이른다.

어느 날 오후 함께 영화를 보고 산책을 하다가 루브르 박물관 한 쪽에 있는 돌 벤치에 앉았을 때였다. 주변에는 저녁 어스름이 내리고 있었다.

"우리 2년간 계약을 맺읍시다!"

"계약이라뇨?"

"계약결혼 말이오. 서로가 서로의 자유를 침해하지 않고 존중하면서 사랑할 수 있는 계약조건을 만듭시다. 그리고 그것을 지키면서 함께 사랑하고 또 함께 살아가는 것이오."

"좋아요."

보부아르는 사르트르를 사랑했지만 아이를 낳아 기르고 가사 일에 매몰되어 인생을 살고 싶지 않았다. 사르트르 역시 보부아르를 사랑했지만 아이를 낳아 기성세대의 권위를 앞세우며 살아가는 것을 두려워했다. 그래서 두 사람은 계약결혼이라는 파격적인 선택을 하게 된 것이다. 누구도 상상할 수 없는 파격적인 계약조건이 뒤따랐다.

첫째, 서로 사랑하고 관계를 지키는 동시에 다른 사람과 사랑에 빠지는 것을 서로 허락한다. 상대방이 다른 사람과 사랑할 권리를 인정하는 것이다.

둘째, 서로에게 거짓말을 하지 않으며 어떤 것도 숨기지 않는다.

셋째, 경제적으로 서로 독립한다.

이러한 조건에 동의한 두 사람은 계약 부부가 되었다. 21세기의 시각으로 봐도 평범하지 않은 결합이니, 1929년의 프랑스 사회에서는 얼마나 더 파격이었겠는가. 특히 여성인 보부아르에 대해서는 더 큰 파격으로 받아들여졌다. 당시 여성들에 대한 교육이란 현모양처가 되기 위한 교육이 보편적이던 시대였기 때문이다. 계약결혼은 처음엔 친구들 사이와 대학가에서 화제가 되다가 그들이 사회적 명성을 쌓아갈수록 더 큰 이슈가 되었고 지금까지 세기의 결혼으로 일컬어지고 있다.

소유하지 않기에 더 오래가는 사랑

지적이고 합리적인 계약조건을 앞세운 이 세기의 결혼은 끝까지 합리적이고 원만했을까? 2년으로 시작한 두 사람의 계약은 연장을 거듭하여 50여 년, 반세기에 걸쳐 평생의 계약결혼으로 이어짐으로써 일순간의 장난이 아님이 판명되었다. 그러나 그들의 계약결혼 역시 평범한 부부의 결혼생활 못지않은 여러 굴곡을 겪었다.

우선 서로의 성적 자유를 보장하자는 첫 번째 조건부터가 실천이 쉽지 않은 일이었다. 사랑이라는 감정의 속성 자체가 배타적 권리를 요구하고 있으니 상대방의 성적 자유를 편안한 마음으로 보고 있기란 쉽지 않은 일이기 때문이다. 두 사람은 상대방 외에 다른 남자와 여자와의 관계 때문에 많은 홍역을 치르고 때론 위기에 직면하기도 했다.

그 대표적인 경우가 올가라는 소녀에 의한 갈등이었다. 루앙의 잔다르크 고등학교에서 근무하던 시기, 보부아르는 자신의 제자 중 한 명인 올가 코사키에비치에게 관심을 가졌다. 정서적으로 불안정하면서도 지적이고 또 사회 비판적인 18세 소녀는 보부아르에게 상당히 흥미로운 존재로 다가왔다. 당시 사르트르는 수 년 동안 글쓰기에 몰두해오던 끝에 매너리즘에 빠져 새롭고 신선한 변화를 갈망하고 있었다. 그런 사르트르에게 보부아르는 올가를 소개했다. 1935년 3월이었다. 그때까지만 해도 올가라는 존재가 두 사람 사이에 큰 폭풍을 일으키게 되리라는 것을 보부아르는 알지 못했다. 이 묘한 삼각관계 속에서 사르트르는 서서히 올가에게 빠져들었고 성적 욕망까지 표출하며 독점하려 들었다. 그러자 보부아르는 심한 배신감에 휩싸였다. 올가로 인해 두 사람 사이의 감정의 골이 깊어지면서 탄탄한 계약결혼의 항해는 폭풍에 뒤흔들리게 되었다.

> 우리가 한 사람이라고 말했을 때 나는 거짓말을 한 것이 아니다.
> 두 개인 사이의 조화는 저절로 이루어지지 않는다. 끊임없는 노
> 력이 필요하다.

보부아르는 당시의 일에 대해 이렇게 회고록에 남겼다. 자유를 존
중하고 소유하지 않는 관계였지만 그럼에도 불구하고 조화로운 관계
를 위해서는 지속적인 노력이 필요하다고 고백한 것이다. 보부아르
는 올가에게 빠진 사르트르를 있는 그대로 받아들이려 노력했고, 서
로가 다른 사랑에 빠지는 것을 허락한다는 계약조건을 지켜나갔다.
결국 1937년 올가가 또래 청년과 사랑하게 되어서야 보부아르와 사
르트르는 올가와의 힘겨운 삼각관계에서 벗어나 '둘'로 돌아올 수 있
었다. 2년 만이었다. 사르트르는 이 시기에 대해 "광기와 올가에 대
한 정열로 절망에 빠진 시기"라고 명명했다.
　올가 외에도 두 사람 사이에 끼어든 남녀는 무수히 많았던 것으로
보인다. 사르트르는 자유로운 성을 즐기며 자신의 연애를 숨기지 않
았고 보부아르에게 종종 이런 편지를 보냈다.
　"나는 드디어 완다를 정복했소. 오늘 아침에. 쉽진 않았지만 즐거
웠소."
　보부아르 역시 자유로웠고 사르트르에게 간혹 엇비슷한 편지를 보
내곤 했다.

"엄청 좋은 일이 생겼어요. 떠날 때만 해도 전혀 기대하지 않았는데 사흘 전 보스트와 섹스했어요. 먼저 제안한 것은 물론 나였어요. 우린 둘 다 그러길 원했어요."

평범한 시각으로는 이해하기 쉽지 않지만 보부아르와 사르트르에게는 자유로운 연애가 부도덕이라기보다 존재가 누릴 수 있는 자유의 한 형태였으리라. 훗날 "여성은 여성으로 태어나는 것이 아니라 여성으로 만들어지는 것"이라고 말하게 될 만큼 진보적인 사고를 지닌 보부아르, 신을 믿지 않았고 "인간은 창조된 것이 아니라 세상에 던져진 존재로서 극단적 자유가 가능하다. 본질은 정해진 것이 아니라 스스로 만들어가는 것"이라고 주장한 무신론적 실존주의자 사르트르에게는 말이다.

1939년 10월, 그들이 계약결혼을 한 후 10년이라는 시간이 흘렀다. 해마다 그들은 결혼기념일을 지켜왔는데, 그해의 기념일은 보부아르에게 더욱 특별했다. 모렐 부인 별장에서 단둘이 앉아 있을 때 사르트르가 이렇게 속삭였던 것이다.

"우리는 이제 계약조차 필요 없소. 우리는 영원히 함께 있을 것이고 또 그래야만 할 거요. 우리가 서로 이해하는 만큼 우리를 이해하는 사람은 아무도 없으니까 말이오."

그들 사이에는 올가뿐 아니라 수많은 이성이 스쳐 지나갔으며 앞으로도 두 사람 사이는 그럴 터였다. 그럼에도 불구하고 두 사람은 서로가 서로를 가장 깊이 이해하는 사람임을 인정하며 평생을 약속하기에 이르렀다.

사르트르에게 올가가 있었다면 보부아르에게는 넬슨 앨그렌이 있었다(잠시 스쳐 지나간 숱한 관계들은 차치하고서 말이다). 1947년, 39세의 보부아르가 미국 방문 중 넬슨 앨그렌이라는 미국 작가를 만나고부터 그들의 계약결혼은 또다시 커다란 위기를 맞이하게 된다. 평범한 결혼과 여자로서의 삶을 거부하던 그녀가 이렇게 고백하게 된 것이다.

"이제부터 나는 사랑하는 남편과 아내처럼 당신과 함께하겠어요. 당신을 사랑해요. 그 말밖에는 당신에게 하고 싶은 말이 없어요."

앨그렌을 통해 육체적 쾌락에 눈을 뜬 보부아르는 앨그렌을 남편이라 부르며 시카고에서 같이 살 수만 있다면 인생에서의 꿈을 포기하고 평범한 주부로 살아가는 삶을 감수하겠다고까지 생각하게 되었다. 그러나 끝내 사르트르와의 계약 관계를 청산할 수 없었던 그녀는 결국 "당신이 없으면 일을 제대로 할 수가 없다, 빨리 돌아와달라"는 전보를 받고 사르트르에게 돌아갔다. 이처럼 두 사람은 숱한 바람이 지나갔음에도 불구하고 항상 원심력에 이끌리듯 서로에게로 돌아오곤 했다. 사르트르는 이렇게 말했다.

> 보부아르를 만났을 때 나는 다른 사람과 맺을 수 있는 가장 훌륭한 인간관계를 맺은 것이다. 가장 완전한 관계 말이다. 우리의 관계는 평등을 전제로 한다. 따라서 우리들의 관계에서 우리들 각자 동등했으며 다른 것은 상상할 수 없었다. 나는 남자로서 나에게 딱 맞는 여자를 발견한 것이다.

소유하지 않았기에 더 오래갈 수 있었던 것일까? 사르트르나 보부아르가 서로를 독점하려 했다면 평생의 연인으로 남을 수 없었다는 것만은 분명해 보인다. 소유하는 것이 더 중요할까, 아니면 그 사람과 함께하는 것이 더 중요할까? 대부분의 연인들은 소유하지 못할 바엔 함께하지 않는다. 그러나 두 사람은 함께하기 위해서 소유하는 것을 포기한 셈이다.

내 인생 최고의 성공은 당신을 만난 것

사르트르와 보부아르는 서로의 원고를 봐주는 동반자이기도 했다. 거의 모든 원고를 서로 검토해주었고, 보부아르가 쓴 책 중에서 사르트르가 출간 전에 읽어보지 않은 책은 《작별 의식》이 유일하다. 왜냐하면 《작별 의식》은 사르트르가 세상을 떠난 후 혼자 남아 썼기 때문이다.

대학 시절 교제를 시작할 무렵에 "사르트르와 있는 시간 외에는 모두 낭비"라고 생각할 만큼 사르트르를 통해 정신적 각성을 얻곤 하던 보부아르에게 사르트르와 함께 있는 시간은 언제나 그녀의 사유가 확장되고 지적인 성장이 이뤄지는 순간이었다. 그들은 수없이 많은 대화를 나누었고, 그런 만큼 서로를 깊이 이해했다. 사르트르 역시 여러 여자들과 사랑을 나누었지만 평생토록 지적인 동반자로서 보부아르의 자리는 다른 어떤 여자도 대신할 수 없었다. 이렇듯 두 사람은 사랑을 통해 서로를 지적으로 성장시키고 사유를 확대해나간 커플이었다.

보부아르와 사르트르에게 글쓰기는 현실참여를 의미했다. 즉 그들이 현실에서 겪은 일들이 문학으로 옮겨 가곤 했는데, 보부아르의 첫 소설 《초대받은 여자》역시 사르트르와 보부아르의 관계 속에 초대받았던 올가와의 삼각관계에서 겪은 일을 그대로 그리고 있다. 수 년 동안 고치고 다시 쓰기를 거듭하여 1943년에 내놓은 《초대받은 여자》를 발판으로 보부아르는 본격적인 작가 생활을 시작했다. 특히 그녀의 명성을 확고하게 해준 것은 1949년에 발표한 《제2의 성》이다. 《제2의 성》은 그녀를 페미니즘의 대모로 만들어주었고, 지금까지도 이 책은 페미니즘의 교과서로 불리고 있다.

> 여자는 태어나는 것이 아니라 여자로 만들어지는 것이다. 여자 아이는 태어날 때부터 수동성, 교태, 모성애를 갖고 태어나는 것이 아니라 아이의 생활에 타인의 개입이 존재하며 처음부터 강제적으로 여자로서의 인생의 직분을 떠맡게 된 것이다.

첫 부분부터 이런 내용으로 시작하는 《제2의 성》은 나오자마자 온갖 비난이 쏟아졌고 교황청에서는 위험한 책으로 지목했다. 그러나 그럼에도 불구하고 《제2의 성》은 베스트셀러가 되었다. 보부아르가 그 책을 통해 많은 여성들의 자의식을 깨웠던 것이다.

그렇다면 보부아르를 깨운 존재는 누구였을까? 그녀를 평생토록

정신적 안주에 함몰되지 않도록 했던 존재는 바로 사르트르였다. 비록 사르트르는 온전히 소유할 수 있는 남자는 아니었지만 그녀의 정신과 사유를 깨움으로써 보부아르를 가장 보부아르답게 만들어주었다.

"우리 시대에 지대한 영향을 미친, 진실에 대한 탐구와 자유정신에 입각한 재기 넘치는 작품활동."

1964년 사르트르가 노벨문학상 수상자로 선정된 이유에서 보듯 그는 20세기 지성에 지대한 영향을 미쳤다. 마찬가지로 보부아르의 삶에도 커다란 영향을 미친 셈이다.

그러나 작별의 시간은 다가왔다. 1980년 4월 15일 걸려온 한 통의 전화에 모든 운명이 달려 있었다. 사르트르의 젊은 연인이자 마지막 연인이었던 아틀레트의 전화였다.

"보부아르! 사르트르가 죽었어요."

보부아르는 당장 병원으로 달려갔다. 50여 년을 함께해온 정신적, 지적 동반자를 잃은 충격은 적지 않았다. 하얀 시트를 걷어내고 죽은 사르트르의 곁에 누우려는 그녀를 사람들이 제지해야 했다. 시신을 땅에 묻을 때에는 서 있을 수조차 없었다. 그녀의 영혼과 정신을 지탱해주고 있던 반쪽의 죽음 앞에 그녀는 오열했다.

내 인생에서 가장 확실한 성공은 사르트르와의 관계이다.
그는 나보다 완전하고 또 나와 닮은 사람이다.

한두 해가 아니라 수십 년을 함께한 사람에 대한 신뢰와 존경을 이
토록 확신할 수 있다는 것은 평범한 일이 아니다. 짧은 동안 경험한
누군가에 대해 존경과 환상을 유지하기는 쉽다. 그러나 오랜 세월 겪
어보고 이런 모습 저런 모습을 다 알게 된 후에도 그 사람에 대해 존
경과 박수를 보내기란 쉬운 일이 아니리라. 한 여자에게서 이런 찬사
를 받았으니 사르트르 역시 성공한 인생인 듯하다. 물론 그의 인생이
성공적이었다는 객관적 지표는 '프랑스를 대표하는 실존주의 철학
자, 무신론적 실존주의의 제창, 1964년 노벨문학상 수상자로 결정되
었으나 이를 거부한 레지스탕스' 등으로 꼽을 수 있겠지만, 이러한 객
관적 지표들을 다 거둬들인다 해도 보부아르의 찬사만으로 그의 인
생이 무의미하지 않았음이 증명되는 셈이다.

　　평생 함께 생각하고 함께 대화하고 함께 글을 쓰던 두 사람. 그들
에게는 서로가 서로의 뮤즈였고 영감의 원천이었다. 그런 사람을 평
생 곁에 둘 수 있었다는 것은 두 사람 모두에게 커다란 행운이었을
것이다.

연인보다
예술적 동지로
남다

§

미국적 화가 조지아 오키프와
그녀를 발견한 스티글리츠

미국 남서부 뉴멕시코 주 사막 한가운데에 산타
페라는 도시가 있다. 해발 2000m가 넘는 고지대에 위치한 황량한 사
막에는 언제나 눈부신 햇살이 가득하다. 아메리카 인디언들은 이곳
을 '햇살이 춤추는 땅'이라고 불렀다. 코발트색으로 끝없이 펼쳐진 이
곳 하늘은 사막의 컬러와 어우러져 풍경 자체가 예술이 되고 영감이
된다. 그런 만큼 예술가들이 많이 사는 예술의 도시이기도 하다.

그러나 몇 십 년 전만 해도 이곳은 예술의 도시이기보다는 허름한
폐광촌에 가까웠다. 이 황량한 곳에 한 여인이 고양이 한 마리와 살
고 있었다. 백발이 성성한 여인의 이름은 조지아 오키프. 그녀는 화
가였고 예술가였다.

그녀는 고독을 벗 삼아 자신의 작업을 계속해나가고 있었다. 그러

나 이미 젊은 시절의 육신이 아니었기에 작업은 힘에 부치고 시력도 악화된 상태였다. 계속 작업을 해나갈 수 있을지 불안하기도 했다. 그런 그녀에게 한 젊은 남자가 찾아왔다.

"오키프 선생님! 뭐 도와드릴 일이 없습니까? 뭐든지 말씀하세요. 도움을 드리고 싶습니다."

26세의 젊은 도예가 후안 해밀턴. 그는 젊고 다정다감했으며 진실했고, 예술에 대한 조예와 따뜻한 시선을 가진 남자였다. 사막의 바람과 햇살을 담은 코발트색 하늘만을 바라보고, 살아 있는 온기라고는 고양이 한 마리밖에 의지할 데가 없던 늙은 예술가에게 따뜻한 만남이 찾아온 것이다.

두 사람은 예술에 대해 대화하고 도자기를 구웠다. 여자의 자서전 작업도 함께했다. 두 사람의 관계에 대해 편견의 색안경을 끼고 수군대는 사람들도 많았지만 오키프는 영욕의 세월을 보내는 동안 인생에서 행복해지기 위해서는 다른 사람의 말에 휘둘릴 필요가 없다는 것을 누구보다 잘 알고 있었다.

85세에 찾아온 마지막 사랑. 당신이라면 어떻게 하겠는가? 세간의 이목 혹은 스스로 가지고 있는 생각의 틀 때문에 바람처럼 지나쳐 가겠는가? 실존주의 철학자 사르트르에 따르면 우리는 어떤 것이라도 선택할 권리가 있고 나의 본질은 나의 선택에 따라 만들어가는 것이다. 실존은 본질에 앞서므로 말이다. 자, 그렇다면 당신은 당신의 인생에서 어떤 실존을 선택하겠는가?

그림을 그리는 여자, 그녀를 담아낸 남자

미국의 화가 조지아 오키프는 꽃과 사막의 화가로 불린다. 여류 화가는 남성에게 종속된 부차적 존재로밖에는 인정받지 못하던 100년 전 미국 화단에서 여성적인 정체성과 그림으로 인정받는 데 성공한 예술가다. 그녀는 서유럽계 모더니즘의 영향을 받지 않은 독자적인 추상환상주의 이미지를 개발하여 20세기 미국 미술계에서 독보적 위치를 차지했다. 그런 그녀의 예술은 어디서 시작되었을까? 산타페에서 23세 연하 청년과의 마지막 사랑을 누리는 10년이 그녀의 예술 인생 마지막 지점을 차지한다면 그녀의 예술 인생에서 시작 지점을 차지하는 것은 바로 알프레드 스티글리츠와 보낸 시간이었다.

1916년 새해. 뉴욕 '291화랑'의 주인이자 유명한 사진작가인 스티글리츠는 낯선 소묘 몇 점을 앞에 두고 뚫어져라 쳐다보고 있었다. 그 그림들은 조지아 오키프라는 무명 화가의 것이었고, 그것을 들고 나타난 이는 오키프의 친구 폴리처였다. 오키프는 폴리처에게 "스티글리츠가 내 그림을 마음에 들어 한다면 얼마나 좋을까. 내 작품이 가치가 있는지 그에게 보여주고 싶어"라고 말한 적이 있었다. 그녀가 그림을 대신 보여달라고 부탁을 한 것은 아니었지만 폴리처는 친구의 그림을 들고 291화랑을 찾아갔다.

조지아 오키프는 당시 사우스캐롤라이나 주 컬럼비아에서 미술교사로 일하며 생계를 해결하는 가운데 어렵게 그림을 그리고 있었다. 교사 일을 그만두고 그림에만 전념할 수 없어 괴로워하면서도 그녀는 시골의 자연에 묻혀 평생 트레이드마크가 될 꽃 그림을 그리기 시작했다. 그리고 그 그림들이 친구 폴리처를 통해 291화랑의 스티글리츠 눈앞에 펼쳐졌던 것이다. 주홍색 코스모스와 자주색 피튜니아 꽃을 담은 파스텔화와 소묘 등을 한참 동안 바라보던 스티글리츠가 이윽고 입을 열었다.

"이제야 진짜 그림을 그릴 줄 아는 여자가 나타났군요. 이 그림을 그린 이는 보통 여성이 아닙니다. 사물을 보는 통이 크면서도 예민한 감성의 소유자입니다. 이 그림들은 제가 그동안 보아온 것들 중에서 가장 순수하고 진실한 작품들입니다. 언젠가 꼭 이 사람의 전시회를 열고 싶군요."

극찬이었다. 폴리처는 화랑 주인 스티글리츠의 말을 친구이자 무명 화가인 조지아 오키프에게 그대로 전해주었다. 유명인사인 스티글리츠에게 재능을 인정받은 오키프는 한껏 고무되었다. 지금은 뉴욕이 현대미술의 주 무대가 되었지만 당시 예술의 중심지는 유럽, 그 중에서도 파리였다. 스티글리츠는 자신이 운영하는 291화랑에서 미국 최초로 마티스, 몬드리안, 브라크, 피카소와 같은 유럽 화가들의 작품전을 열고 현대미술을 본격적으로 미국에 소개한 인물이다. 그는 또 그림을 사고파는 화상(畵商)이기도 했다. 명석한 통찰력으로 재능 있는 가난한 예술가들을 열렬히 지원했던 그는 뉴욕 예술가들의 영웅이나 마찬가지였다. 오키프 역시 스티글리츠를 예술적 멘토로서 흠모하고 있던 터였다. 그런 스티글리츠에게 인정을 받은 오키프는 가만히 있을 수가 없어 그에게 정성스러운 편지를 보냈다. 시골뜨기

여교사이자 29세의 화가 지망생이 쓴 편지에 뉴욕의 성공한 52세 남자가 화답함으로써 두 사람의 교감이 시작되었다.

"제 그림을 보신 지 일주일이 지난 지금도 그림이 왜 좋은지 기억하신다면 이유를 알고 싶습니다. 선생님께서는 제가 그림으로 말하려고 했던 것을 이해하신 것 같아서요."

"작품에서 느꼈던 것을 글로 표현하는 건 불가능합니다. 직접 만나 인생에 관해 이야기를 나누다 보면 전할 수도 있겠지요. 당신의 작품이 제게 큰 기쁨을 주었다고 말하고 싶군요. 정말로 놀라웠소. 자신의 내면을 진정으로 표현하고 있다고 생각했소."

두 사람은 몇 차례 편지를 주고받았다. 그러나 직접적인 만남이 이뤄진 것은 몇 달이 지난 후 스티글리츠가 허락도 받지 않은 채 그녀의 그림을 '버지니아 오키프'라는 이름으로 291화랑에 전시했을 때였다. 그 사실을 뒤늦게 알게 된 오키프는 곧바로 스티글리츠에게 달려갔다. 그러나 이미 전시는 끝난 다음이었다.

"허락도 받지 않고 맘대로 내 그림을 전시하다니, 얼마나 화가 나는 줄 아세요?"

"아, 미안하오. 나쁜 뜻이 있었던 것은 아니니 진정해요. 당신 그림은 보다 많은 사람들이 볼 가치가 있는 작품이기에 아까운 생각이 들어 전시를 한 것이오. 난 당신 작품을 아끼는 마음에서 사진까지 찍어두었소. 이것 보시오. 당신 작품을 담은 내 사진을!"

스티글리츠는 자신의 사진들을 보여주었다. 그 안에는 오키프의 작품들이 담겨 있었다. 이렇게 얼굴을 붉힌 첫 대면 후 두 사람은 서서히 가까워졌다. 스티글리츠는 1917년에 291화랑에서 오키프의 첫 개인전을 열어주었고 두 사람은 그 무렵 연인이 되어 동거에 들어갔다.

시골뜨기 교사에 불과했던 오키프는 돈 걱정 없이 작업에 몰두할 수 있는 여건과 작업실, 그리고 자신의 작업을 지지해주고 격려해주는 스폰서를 얻었고, 당대 유명인사였던 스티글리츠는 남다른 매력을 지닌 아름다운 피사체인 동시에 젊은 애인이자 예술적인 동지를 얻은 셈이었다.

사랑의 상처에 흔들리지 않는다

스티글리츠는 시도 때도 없이 오키프를 모델로 사진을 찍었다. 그녀의 몸은 목, 손, 종아리, 가슴, 허리… 어느 한 곳도 빠짐없이 스티글리츠의 뜨거운 관능의 대상이자 사진의 피사체가 되었다. 심지어 사랑을 나눌 때조차 그녀는 여자이자 피사체가 되어야 했다. 1921년 2월, 스티글리츠는 오키프를 찍은 사진들을 모아 사진전을 열었고, 누드로 펼쳐진 오키프의 사진은 뉴욕에서 센세이션을 불러일으켰다. 사진 속에서 대리석처럼 차갑고 사색에 잠긴 듯한 표정, 그러면서도 고혹적인 여체를 드러내는 오키프의 모습은 많은 사람들에게 강한 인상을 남겼다.

스티글리츠는 더욱 유명해졌는데 그럴수록 오키프에게는 남모르는 고민도 깊어졌다. 세상 사람들은 오키프의 작품보다는 선정적인 아이콘으로서 평가절하된 꽃 그림을 기억했고, 작가 오키프가 아닌 스티글리츠의 정부인 오키프를 기억했다. 작가로서의 정체성에 큰 훼손을 입기 시작한 것이다. 영원히 그렇게 스티글리츠의 그늘 속에서 자신의 작품세계를 인정받지 못하는 것은 아닌지 불안해지기 시작했다. 그러나 스티글리츠가 그녀의 작품에 대해 관능적인 이미지를 어필하여 홍보할수록 그녀의 그림은 잘 팔려 나갔고 그녀는 점점 더 유명세를 얻기 시작했다.

오키프는 6년에 걸쳐 스티글리츠의 정부로 살다가 1924년에 정식으로 그와 결혼한다. 처음 만날 당시부터 스티글리츠는 이미 유부남이었지만 별거 중이던 전처와 이혼하고 오키프와 재혼한 것이다. 그러나 결혼은 오히려 사랑의 유통기한이 끝나가고 있음을 의미했다. 6년에 걸친 동거를 청산하고 법적 부부가 되고 나서 몇 년이 지나지 않은 1927년, 스티글리츠는 도로시 노먼이라는 스물을 갓 넘긴 여자와 이런 대화를 나누었다.

"결혼은 했어요? 결혼생활은 감정적으로 만족스러운가요?"

"네, 저는 남편을 사랑하고 얼마 전에 아이도 태어났어요."

"성생활은 원만하오?"

"…."

"아이 먹일 젖은 충분하오?"

"…."

스티글리츠는 온갖 농염한 질문을 쏟아내더니 은근슬쩍 도로시 노먼의 가슴에 손을 올렸다. 이런 노골적인 유혹으로 스티글리츠는 아내인 오키프보다 열여덟 살이나 어린 새로운 정부를 만들었다.

정신적 지지자이자 예술적 동지인 남편의 변심은 오키프에게 큰 상처를 안겨주었다. 그 무렵 그녀는 40이 넘은 나이였지만 실로 수년 만에 나체 포즈를 취하고 스티글리츠의 카메라 앞에 섰다. 자신이 모델이 되어주지 않는다면 남편이 노먼을 모델로 세울 것이 분명했기 때문이다. 남편은 그녀의 앞모습, 뒷모습, 그리고 나체로 누운 모습 등을 찍었고, 허리에서 종아리까지만 잘라 색다른 에로티시즘을 표현하기도 했다. 그러나 남편의 마음을 돌릴 수는 없었다. 스티글리츠는 노먼과 함께 다니며 거의 동거하다시피 했고 과거에 오키프에게 그러했듯이 정부 노먼의 모습을, 침대에서 벌거벗은 모습까지 수없이 찍어댔다.

오키프는 크게 상심하여 자주 병마에 시달렸고 우울증에 빠지기도 했다. 그러나 그녀는 남편에 대한 집착과 배신의 아픔에 빠져 자아를 잃어버리거나 황폐화시키지 않았다. 돌아오지 않는 남편을 기다리느라 세월을 허비하는 대신 차라리 거리를 두었다. 자주 여행을 떠나고 새로운 잠자리 상대를 만들기도 했다. 특히 뉴멕시코 지역으로의 여행은 그녀에게 활기를 되찾아주었다. 그녀가 뉴멕시코를 처음 가본 것은 서른 살 무렵인 1917년이었는데, 처음 마주한 뉴멕시코 고원의 거칠고 메마르고 황량하지만 탁 트인 풍경과 끝없이 펼쳐진 하늘은 그녀를 매혹시켰고 더 나아가 영혼의 상처까지 치유해주는 듯했다. 훗날 그녀는 이렇게 말했다.

나는 곧 그곳을 사랑하게 되었다. 그 이후 줄곧 그곳으로 돌아가는 여정 가운데 있었다.

남편의 배신, 상처와 아픔, 그리고 여행을 통한 회복, 그 모든 일들이 그녀를 뉴멕시코 자연의 품으로 인도해주는 여정이었고, 훗날 그녀가 뉴멕시코 지역에 정착해서 제2의 전성기를 누리게 되는 것 또한 우연이 아니었다.

멕시코 화가 프리다 칼로가 남편 디에고로부터 평생 벗어나지 못하고 괴로워했던 것, 혹은 카미유 클로델이 로댕과 헤어진 이후에 그 상처를 극복하지 못한 것을 생각할 때 조지아 오키프는 남편의 배신과 상처에도 불구하고 자신의 삶과 예술세계를 꼭 붙잡았던 용기 있는 여성이었다고 할 수 있다.

그녀는 사랑의 상처에 휘둘리기를 거부했다. 결혼한 후에도 남편의 성을 따르지 않고 자기 자신의 성을 고집한 것처럼 그녀는 남편에 대한 집착 때문에 자신의 세계가 흔들리는 것을 용납하지 않은 독립적인, 그야말로 시대를 앞서 살았던 현대적인 여성이었다. 지나간 사랑에 집착하는 대신 남편과의 동반자적 삶을 냉정하게 인정했다. 그리고 그녀는 스티글리츠의 외도와 배신에도 불구하고 1946년 스티글리츠가 죽을 때까지 그를 떠나지 않았다. 두 사람은 사랑보다 더 강한 예술이라는 끈으로 연결되어 있었기 때문이다.

자세히 보아야 예쁘다

조지아 오키프는 자연의 풍경을 전체적으로 그리기보다는 부분을 확대해서 그리곤 했다. 그것은 마치 스티글리츠가 그녀의 종아리, 가슴, 손과 같은 신체 일부를 확대해서 카메라에 담음으로써 독특한 에로티시즘을 탄생시킨 것과 닮아 있다. 특히 그녀는 꽃을 많이 그렸다. 꽃의 전체 모습보다는 특정 부분을 과감하게 확대하거나 잘라내고, 강조하고 싶은 부분만을 파고들어 자신만의 시각으로 표현한 그녀의 그림은 매우 독창적이었다. 그녀는 단순화를 통해 사물의 아름다움을 활짝 꽃 피우곤 했다. 종종 사람들은 왜 그렇게 꽃을 크게 그리느냐고 물었는데 그럴 때면 그녀는 이렇게 반문하곤 했다.

"산을 그리는 화가에게 실제보다 왜 그렇게 작게 그리는지 물어본 적 있나요?"

대부분의 도시인들은 너무나 바빠서 꽃을 볼 시간조차 없다. 아무도 꽃을 보지 않는다. 정말이다. 너무 작아서 알아보는 데 시간이 걸리기 때문이다. 무언가를 보려면 시간이 필요하다. 친구를 사귀는 것처럼.

여성 화가들을 부수적인 존재로 생각하던 시대에 그녀는 가장 여성적인 소재인 꽃을 가지고 남성 화가들의 아성을 무너뜨리고 자신만의 세계를 구축해나갔다. 또한 그녀의 소재는 거기에 머무르지 않았다. 뉴멕시코를 사랑한 그녀는 남편이 죽은 후 뉴멕시코 지역에 아예 정착하여 사막의 고독 속에서 대작들을 쏟아냈다. 사막의 풍광은 꽃으로 가득하던 그녀의 화폭을 변화시켰다. 아름답고 여성적인 꽃 대신 사막에 나뒹구는 짐승의 뼈와 조개껍데기 그리고 사막의 고요한 풍경이 그녀의 화폭을 채워나갔다.

뼈들은 강렬하게 살아 있는 것의—비록 광대하고 공허하며 범접할 수 없는 것이지만—중심을 예리하게 자른 것처럼 보인다. 그러한 아름다움에 비견될 만한 것이 있는지 모르겠다.

저녁이면 바람이 윙윙 소리를 내며 울부짖는 사막을 정신적 고향으로 삼아 창작에 대한 의지를 불태우곤 했다. 스티글리츠는 떠나고 없었지만 그녀는 혼자라서 더욱 자기다울 수 있었다.

이곳은 매우 아름다우면서도 힘든 곳입니다. 이곳은 사물 위에 비치는 빛의 세계가 아닙니다. 오히려 빛 속에 사물들이 존재하는 세계입니다.

부드러운 꽃잎을 그리던 오키프는 이제 없었다. 그녀가 꽃을 그릴 때 사람들은 그 꽃을 보며 여성의 생식기를 연상하고 조지아 오키프라는 작가 대신 스티글리츠와의 관계를 떠올리곤 했지만, 이제 조지아 오키프는 오로지 조지아 오키프로만 인식되었다. 1968년 《라이프》 표지에 오키프의 주름진 얼굴이 실렸다. "개척자 화가의 있는 그대로의 모습"이라는 표제가 붙어 있었다. 그로부터 30년 전인 1938년에 《라이프》가 처음 오키프를 소개할 때 "스티글리츠가 오키프를 유명하게 만들었다"라는 표제를 붙였던 것과는 완전히 달라진 것이다. 이젠 스티글리츠가 아니라 오키프가 스스로를 유명하게 만들고 있었다.

그런데 그녀의 최고 전성기는 어쩌면 80대가 아니었을까? 여든이 넘자 그녀는 시력이 악화되어 주변 세계가 점차 희미해져갔고 단순한 형태와 그림자 정도만 알아볼 수 있게 되었다. 화가에게 눈이 흐려진다는 것은 견디기 힘든 일이다. 기력도 쇠해졌다. 누구보다 진취

적이고 활동적으로 노년을 보내던 그녀였지만 마음도 약해질 수밖에 없었다. 그렇게 몸과 마음이 지쳐갈 무렵 그녀의 마지막 사랑이 나타났다. 바로 젊은 도예가 후안 해밀턴이다.

그는 말년의 오키프에게 누구보다 중요한 사람이 되었다. 마음이 약해진 그녀가 계속 그림을 그릴 수 있도록 격려했고, 이에 오키프는 새로운 재료인 흙으로 작업하기 시작했다. 또한 그는 아침부터 저녁 때까지 때론 말동무가 되거나 산책 친구가 되고 때론 운전기사가 되어주었으며, 타이핑을 해주거나 그녀에게 온 편지의 답장을 부쳐주기도 했다. 비서이자 친구이자 보호자 그리고 연인이었다. 두 사람의 관계에 대해 악담이 쏟아지자 해밀턴은 이렇게 대응했다.

"자기 또래들과도 제대로 된 우정을 나누지 못하는 바보 같은 사람들이 예순 살이나 더 많은 사람과의 우정을 어떻게 이해하겠는가."

물론 그와의 인연도 영원할 수는 없었다. 그녀가 세상을 떠나야 할 때가 점점 다가오고 있었고, 해밀턴은 자신의 나이에 맞는 반려자를 만나 살아가야 했다. 오키프와 해밀턴이 함께한 지 7년 즈음 되었을 때 모든 우려가 현실로 나타났다. 해밀턴에게 정신적 교감이 아닌 실질적인 반려자가 될 수 있는 여자가 생긴 것이다. 오키프를 만나러 온 애리조나 주립대학의 미술학도 어스카인이었다. 해밀턴은 오키프를 찾아온 그녀를 바래다주면서 사랑에 빠져 1년 후에 결국 그녀와 결혼했다. 오키프는 해밀턴의 결혼을 인정하지 못한 채 해밀턴에게 상당한 재산을 상속한다는 유서를 남겼다. 물론 오키프 사후에 가족과 미술계에서 엄청난 논란을 불러일으켜서 실질적으로 해밀턴이 받은 유산은 대폭 줄어들었지만 말이다.

결국 그녀가 진정으로 사랑한 것은 어쩌면 스티글리츠도 해밀턴도 아니었을 수 있다. 그녀가 사랑한 것은 예술, 그리고 그 안에 담고 싶은 자신만의 세계가 아니었을까. 오키프는 스티글리츠와 살 때 친구에게 이런 편지를 쓴 적이 있다.

> 예술이야말로 인생에서 가장 중요한 일이라고 생각해. 그러니 우리는 인간적인 문제 때문에 절망에 빠져서는 안 돼. 창조적인 일에 쓰려면 힘과 에너지를 아껴야 해. 스스로 어쩔 수 없는 일이나 상황 때문에 낭비해서는 안 되는 거야.

그녀가 죽은 후 10년쯤 지난 1997년 7월, 뉴멕시코 산타페에 '조지아 오키프 미술관'이 개관하던 날에는 섭씨 40도의 무더위 속에서도 2000여 명의 관객들이 몇 시간이나 줄을 서서 기다렸다. 삶이 뜨거웠던 만큼 강렬한 그녀의 작품은 아직까지도 많은 사람들의 마음을 사로잡고 있다.

육체적 사랑에서
사상적 교감까지

⟨

여대생 한나 아렌트와
철학교수 마르틴 하이데거의 만남

한 번 사랑하고는 두 번 다시 만나지 못하는 이가 있는가 하면 사랑이 지나간 후에도 다양한 삶의 시점에서 마주치게 되는 인연도 있다. 스쳐 지나가는 우연한 재회일 때도 있지만 연인이 아닌 다른 색깔로 지속적인 만남을 이어가기도 한다. 한때는 불같이 사랑했던 이를 그저 친구나 아는 사람으로 만나는 느낌은 어떨지 모르겠다. 하지만 적어도 "내가 왜 저런 사람을 사랑했을까?" 하고 스스로도 납득하지 못하며 고개를 갸웃뚱하게 되지는 않았으면 한다. 사랑이 사라진 후에도 그 사람을 지지할 수 있다면 사랑은 끝나버렸어도 성공한 사랑이 아닐까? 물론 사랑에 있어 성공한 사랑과 실패한 사랑이라는 게 있을 수는 없지만 말이다.

독일계 유대인 철학자이자 정치사상가인 한나 아렌트와 독일의 대표적인 실존주의 철학자 마르틴 하이데거의 사랑이 그런 경우였다. 두 사람은 한때 뜨겁게 사랑했으나 이루어질 수 없었고, 연인으로서의 결별 이후에 인생의 전환점에서 다시 만나 서로를 돕는 따뜻한 인간애를 보여주었다. 그것은 사랑의 불길이 지나간 자리에 남은 미련이라기보다는 서로에 대한 존경, 각자의 인생에 대한 지지와 같은 인간애였다.

1975년 8월. 70이 다 된 여성이 병상에 누운 한 남자를 찾아왔다. 남자는 아흔이 다 되어서 정신이 오락가락하고 귀까지 먹었지만 당대 최고 명성을 지닌 철학자 마르틴 하이데거였다. 그를 찾아온 여성은 한때 그의 제자이자 연인이었고 그녀 자신도 철학자이자 정치사상가가 된 한나 아렌트였다. 그녀는 눈앞에 누운 노인을 보며 오래전 마르부르크 대학 강의실에서 처음 보았을 때 눈부시도록 빛나던 젊은 철학자 하이데거를 떠올렸다. 그의 생명이 오래 남지 않았음을 직감할 수 있었다.

그런데 뜻밖에도 세상을 먼저 떠나게 된 것은 하이데거가 아니라 한나였다. 병상의 하이데거를 만나고 4개월 후 원고 작업을 계속하다가 지인들과 커피를 마시며 휴식을 취하던 중 갑작스런 심장마비로 사망한 것이다. 그녀의 타자기에는 쓰다 만 원고가 꽂혀 있었다. 휠체어에 몸을 의지할 정도로 기력이 쇠한 상태로 그녀의 장례식을 찾았던 하이데거는 5개월 후인 1976년 5월 죽음을 맞이했다. 한때는 스승과 제자였고 연인이 되었다가 사상가로서 서로를 격려했던 두 사람은 그렇게 몇 개월을 사이에 두고 차례로 세상을 떠나갔다. 비록 서로 함께하는 인생은 아니었지만 그들은 죽는 순간까지 서로에 대한 존경과 응원을 보내주었다.

사유의 세계에서 강렬한 첫 만남

"인간은 본래 이성적 존재이자 자유로운 존재입니다. 그런데 우리는 개별적인 욕망과 필요에 좌우되어 언제나 삶에 치이며, 죽음이라는 유일하고도 절대적인 목표를 향해 비틀비틀 걸어가고 있을 뿐입니다. 왜 그런 것일까요? 이 시대는 중세의 신 중심의 속박에서 벗어나 신 대신 인간 개인의 주관성을 신성시하고 있지만, 아이러니하게도 개인이 기술과 사회의 틈바구니 속에서 찰나적 욕망만 좇으며 살아가게 만들었습니다. 제군들은 자유롭습니까? 진정 자신이 원하는 삶, 꿈, 그런 것들을 잊어버리고 노예와 같이 살아가고 있는 것은 아닙니까?"

1924년, 철학의 중심지인 마르부르크 대학 강의실. 35세의 철학교수 하이데거가 열강을 하고 있었다. 이제 막 대학에 들어온, 지적 탐구와 열정에 가슴이 설레는 젊은 영혼들은 하이데거의 진지하고 심오한 눈을 바라보며 말 한마디 한마디에 귀를 쫑긋 세웠다.

"2500년 전 플라톤은 이렇게 말했죠. '내가 젊었을 때 나는 '있지 않은 것'을 아주 정확히 이해하고 있다고 생각했다네. 그러나 지금 우리는 이 문제에 대해 아주 당혹스러워하고 있지 않은가?'라고 말이죠. 존재란 무엇입니까? 플라톤, 아리스토텔레스는 존재에 대해 치열하게 연구했지만 그 후로 서양철학은 존재에 대하여 입을 다물었습니다. 존재 자체에 대해 주목하지 못했습니다. '존재'란 너무나 자명한 것이어서 논의할 이유가 없다고 여긴 것일까요? 그러니 서양철학사는 '존재 망각의 역사'입니다. 아주 독단적인 철학이죠. 인간마저 사물로 여기게 되어 인간소외를 불러왔습니다. 이제 우리는 물어야 합니다. 존재란 무엇입니까? 그동안 철학은 존재와 존재자를 구분하지 못하는 오류에 빠져버렸습니다. 존재자는 눈에 보이지만 존재는 보이지 않습니다. 존재하는 것은 어린애라도 쉽게 구분할 수 있지만 존재는 눈에 보이지도 않고 손으로 만질 수도 없습니다. 그럼에도 불구하고 존재는 존재자를 규정하고 이해하는 지평이 됩니다. 오직 인간만이 자신의 존재 물음을 던지는 유일한 존재자입니다. 여러분은 진정한 존재자입니까?"

18세의 여대생 한나 아렌트는 지적이고 열정적인 하이데거 교수에게 빠져들었다. 철학을 사랑하는 젊은 철학도인 한나 아렌트의 눈에 하이데거는 사유의 세계를 자유자재로 주무르는 제왕처럼 보였다. 18세의 한나 아렌트와 35세의 마르틴 하이데거, 앞으로 20세기 지성사에 큰 족적을 남기게 될 두 사상가는 스승과 제자로 강의실에서 처음 만나 서로를 알아보았다.

하이데거 교수에게는 언제부터인가 여러 학생들 중에서 한 여학생이 유독 눈에 띄기 시작했다. 레인코트를 입고 얼굴 깊숙이 모자를 눌러쓴 지적인 얼굴. 모자 아래로 보이는 누구보다 빛나는 크고 검은

눈. 그것은 단순히 아름다운 눈이 아니라 지성에 대한 열정, 남다른 자기애, 치열한 사유의 싹을 잉태한 눈이었다. 하이데거 교수의 강의가 열기를 띠는 순간이면 그녀의 눈은 더욱 빛났고 어떤 학생보다 그의 철학과 사상을 스펀지처럼 빨아들이고 있는 듯 보였다. 언제부터인가 하이데거는 검은 아렌트의 눈이 자신의 철학을 빨아들이듯 자신의 마음도 아렌트에게 빠져들어가고 있음을 인정해야 했다.

그는 자신의 열정을 가슴에 그대로 묻어두지 못했다. 마침내 제자 아렌트를 따로 불러내기에 이르렀다. 존경하는 교수의 부름을 받은 아렌트는 쏜살같이 달려왔다. 하이데거는 이미 엘프리데 페트리라는 여성과 결혼하여 아이까지 둔 유부남이었지만 그러한 제도적 굴레는

하이데거에게 그리 중요한 문제가 아니었나 보다. 두 사람은 마치 약속이라도 한 듯 뜨겁게 하나가 되었다.

뜨거운 연인에서 따듯한 인간애로

하이데거와 관계를 맺은 후 한나 아렌트는 스승의 제자가 아닌 숨겨둔 연인으로서의 생활을 시작했다. 그녀는 언제라도 하이데거를 만날 수 있도록 대학 근처 다락방에서 혼자 지냈다. 정신적으로도 육체적으로도 정점에 오른 하이데거는 한나 아렌트와의 관계를 통해 한창 집필에 물이 올라 있던 《존재와 시간》에 대해서도 많은 영감을 얻은 듯하다. 아렌트 역시 하이데거를 통해 철학과 사유를 배우고 하이데거의 사상을 체득해나갔다.

그러나 시간이 지날수록 아렌트에게는 깊은 그늘이 드리워졌다. 스승에게는 가정이 있었고 그는 가정을 버릴 용의가 전혀 없어 보였다. 사랑을 나눈 후 그는 집으로 돌아가느라 아렌트를 혼자 남겨두기 일쑤였다. 때론 소외감과 허무함이 밀려들었다. 하이데거와 연인 관계가 된 지 1년쯤 지났을 무렵인 1925년, 아렌트는 다음과 같은 시를 쓴 적이 있다.

부끄럽게, 마치 비밀처럼
당신은 왜 나에게 손을 내미는지요?
당신은 우리의 포도주를 알지 못할 만큼
그렇게 먼 나라에서 온 사람인가요?

이러한 번뇌 속에서도 도저히 그만둘 수 없었던 뜨거운 사랑은 1926년 무렵까지 계속됐다. 스승 하이데거는 아렌트에게 마르부르크 대학을 떠나라고 갑작스럽게 통고한다.

"한나, 박사학위 논문은 이 대학에서 준비하지 말고 다른 대학에서 하도록 해. 내가 야스퍼스 교수를 소개해주지."

"이곳을 떠나라는 건가요? 왜요? 왜 그래야 하죠?"

그러나 한나에게는 그다지 선택권이 없었다. 상대는 17세나 연상인 데다 스승이자 그녀가 숭배하고 존경하는 철학자였다. 사랑에 빠진 이후 그녀는 독립적으로 존재하기 힘들었다. 그가 그녀를 언제나 모든 면에서 지배하고 있었기 때문이다.

하이데거의 말대로 한나 아렌트는 마르부르크 대학을 떠나 하이델베르크 대학의 야스퍼스 밑에서 공부를 이어나갔다. 야스퍼스의 따뜻한 관심 속에서 그녀는 〈아우구스티누스에 나타난 사랑의 개념〉이란 제목으로 박사학위를 받았다. 카를 야스퍼스는 하이데거와 쌍벽을 이루는 독일 실존주의의 대표자였으니 비록 하이데거가 연인을 내몰긴 했으나 그녀의 길을 열어준 것만은 분명하다.

한나가 마르부르크를 떠난 다음 해인 1927년, 하이데거는 자신을 유명 스타로 만들어줄 《존재와 시간》을 출간한다. 한나 아렌트와 사랑을 나누는 동안 줄기차게 써왔던 글이 드디어 세상에 나온 것이다. 그 책은 하이데거의 명성을 독보적인 것으로 만들어주었다. 하이데거는 《존재와 시간》에서 이렇게 주장했다.

타인의 지배에 놓여 있는 일상세계로부터 떨어져 나온
유한하고 고독하며 불안으로 가득 찬 세계,
그곳이야말로 우리의 본래적인 세계이며
그곳에서 비로소 우리는 존재 의미를 밝힐 수 있다.

한나가 마르부르크 대학을 떠난 것은 두 사람의 관계가 하이데거의 아내에게도 발각이 되고 대학에서도 알게 된 사람들이 있어 비난을 받기 시작하던 무렵이었으니, 그녀로서는 어쩔 수 없는 선택이었으리라. 그러나 한나 아렌트가 대학을 옮긴 이후로 두 사람의 연인 관계가 끝난 것인지, 아니면 비밀스럽게 이어진 것인지는 확실치 않다. 어떤 이는 계속되었다고도 하고 어떤 자료에서는 대학을 떠나면서 결별했다고도 한다.

어느 시점에 연인 관계가 끝났는지는 알 수 없어도 분명한 것은 스승의 이기적인 사랑에 회의를 느낀 한나 스스로의 선택으로 그 사랑을 끝냈다는 것이다. 그녀는 자신의 숭배와 존경, 그리고 자아까지 담보로 잡힌 사랑의 열정이 스승으로부터 보답받을 수 없다는 것을 알고 있었다.

아렌트는 1929년 귄터 슈테른과 결혼하고 히틀러의 광기가 서서히 유럽을 옥죄어오던 1931년에는 반나치 유대인 조직에 참여하기 시작했는데, 이 무렵 하이데거는 나치당에 가입했다. 반나치와 친나치. 이렇게 서로 상반된 길을 선택했을 때 잠시 동안 두 사람은 연인으로서뿐만 아니라 인간적으로도 끝이 나는 듯 보였다. 그러나 하이데거가 위기를 맞게 되자 소원해졌던 관계가 다시 이어졌다. 나치즘이 유럽을 휩쓸고 지나가고 제2차 세계대전이 끝난 후 나치에 협조했던 전적이 드러나면서 하이데거가 대학 강의는 물론이고 공식적인 활동을 전면 금지당했던 것이다. 하이데거는 나치를 피해 일찌감치 독일을 떠났던 아렌트에게 편지를 썼다.

"아렌트, 독일로 와서 나를 도와주시오."

아렌트는 나치를 피하기 위해 1941년까지 프랑스에 머물며 반나치 운동 등을 펼쳤고, 그 사이에 첫 남편인 슈테른과 이혼하고 시인이자 철학자인 하인리히 블뤼허와 재혼했다. 프랑스가 독일에 유린되었을 때는 수용소에 감금되기도 했으나 가까스로 벗어나 미국에 머물고 있었다. 그러던 중 하이데거의 요청을 받은 아렌트는 독일로 달려가 그와 재회한다. 그녀의 남편 블뤼허 또한 하이데거를 존경하고 있었기에 아내가 하이데거를 돕기를 권했다. 그녀는 독일 프라이부르크 대학 총장 자리에서 파면당한 하이데거의 복권을 위해 힘을 보탰고, 하이데거는 1951년에 대학으로 복귀할 수 있었다. 두 사람은 인생의 격변과 전쟁을 겪으면서 어느새 연인에서 인간적인 친구로 변해 있었다.

부조리한 정치에 항거한 한나 아렌트

오랜 망명생활을 끝내고 미국에 정착한 이후 생활이 안정되면서 그녀는 비로소 본격적으로 학술 연구에 몰두하게 되었는데, 1951년 《전체주의의 기원》에서 전체주의는 심각한 위기이고 광기라고 역설함으로써 일약 학계의 주목을 받았다. 그리고 1958년에는 《인간의 조건》을 출간하여 현대를 대표하는 정치철학자로 확고하게 자리매김할 수 있었다.

그녀는 《인간의 조건》에서 인간의 활동을 '노동', '작업', '행위'로 구분하였다. '노동'은 생존과 욕망만을 위한 육체적 동작이고, '작업'은 재능을 발휘하고 재미를 느끼며 하는 활동이며, '행위'는 개인의 욕구를 넘어 공동체 속에서 어떤 대의를 위해 하는 행동이다. 생계만을 위한 것이라면 노동에 불과한 일이라도 본인 스스로 보람과 재미를 느낀다면 작업이 될 수 있다. 또한 중요한 사회적 이슈, 정의 실현을 위해 사회에 참여한다면 그것은 '행위'가 된다. 아렌트는 산업화된 근대가 인간을 노동에만 몰두하게 하여 이웃과 공동체를 돌아보지 못하는 삶을 살게 만들었다고 지적하면서 현대 사회에서 공공성을 새롭게 발견해야 한다고 역설했다. 그녀의 사상은 고대 사상에서 중요시되던 공적인 삶을 현대 정치에서 중요한 덕목으로 환기시키고 있어 더욱 주목을 받았다. 그녀는 "노동과 작업 이야기만 한다면, 정치가 아니다"라고 하면서 《인간의 조건》에서 다음과 같이 역설했다.

생각하는 일은 정치적 자유가 있는 곳이라면 누구나 할 수 있는 일이며, 그렇게들 한다. 그러나 저명한 학자들이 보통 말하는 것과는 다르게 ─ 참으로 불행히도 ─ 생각하는 힘은 인간의 다른 능력에 비해 가장 약하다. 특히 폭정 아래에서는, 생각하는 일보다 (생각하지 않고) 행동하는 일이 훨씬 쉽다.

한나 아렌트에게 철학과 사상의 씨앗을 뿌린 남자는 하이데거였으나 그 사상을 키우고 성숙시킬 수 있도록 반려자가 되어준 이는 두 번째 남편 블뤼허였다. 1970년 블뤼허가 먼저 죽었을 때 한나는 슬픔을 이기지 못하며 친구들에게 이렇게 말하곤 했다.

"이제 나는 어떻게 살아야 하나요?"

어린 시절 칸트 철학에 심취하고 대학 시절 우상과도 같았던 철학 교수와 사랑에 빠졌던 한나 아렌트. 사랑의 열병 후엔 자신만의 사상을 세워가며 반나치 운동 등으로 불의에 항거하였고 끊임없이 투쟁하며 전체주의를 비판하고 정치참여를 강조한 사상가, 철학자로 불리기보다는 정치사상가로 불리기를 원했던 그녀는 현대 정치사상에 큰 기여를 한 인물이다.

"사유한다는 말은 항상 비판적으로 생각한다는 뜻이고, 비판적으로 사유하는 것은 늘 적대적인 태도를 취하는 것"이라는 그녀의 말은 복잡한 정치현실 속에서 우리에게 던져주는 울림이 크다.

사랑은 지나간다. 하이데거와의 사랑이 바람처럼 지나가버렸듯이. 그러나 인생은 남는다. 사랑을 하고 있을 때나 사랑이 끝났을 때나 우리가 묵묵히 자기 길을 걸어가야 할 이유다. 한나 아렌트가 자신의 길을 걸으며 자신만의 사상을 만들어냈듯이 말이다. 다만 사랑이 남긴 흔적을 자신의 성장과 성숙의 에너지로 사용할 수 있느냐 하는 것은 스스로의 몫이다.

II

난 후회하지 않아요

푸른 하늘이 무너져 내리고 땅이 뒤집힌다고 해도
그런 것은 상관없어요, 그대가 날 사랑한다면.

사랑하라,
인생에서 좋은 것은
그것뿐이다

남장 소설가 조르주 상드와
천재 음악가 쇼팽의 동거

열아홉 살의 아리따운 여자가 있었다. 그녀의 이름은 앵디아나. 일찍이 결혼했으나 애정 없는 결혼생활에 회의를 느끼고 레이몽이라는 남자에게서 진실한 사랑을 찾으려 했으나, 그는 앵디아나의 하녀와 밀회를 즐기다 앵디아나에게 마음을 빼앗긴 믿을 수 없는 남자였다. 레이몽에게 버림을 받은 하녀는 강에 몸을 던지고 앵디아나는 남편을 버리고 레이몽과의 새로운 인생을 결심한다. 하지만 앵디아나에게 적극적인 구애를 하던 레이몽은 앵디아나와의 결혼은 거부한 채 새로운 여자와 결혼하고 만다. 상심에 빠진 나머지 죽음까지 생각하는 앵디아나에게 구원자이자 위로가 되어준 것은 그녀의 사촌오빠이자 이제까지 신실한 후견인 역할을 해준 랄프였다. 두 사람은 마침내 세상을 등지고 둘만의 삶을 찾아 결합한다.

젊은 여성이 남편과 애인에게 배신당하지만 결국 진정한 이상형을 만나 행복을 찾게 된다는 이 이야기는 여류 소설가 조르주 상드가 지금으로부터 약 200년 전인 1832년에 발표한 소설 《앵디아나(Indiana)》이다. 소설이 발표되자 부도덕한 이야기라는 비판도 많았지만 그럼에도 불구하고 형식적인 결혼과 사회제도의 부조리한 속박에 답답해하던 많은 여성들이 열광하면서 조르주 상드는 일약 스타 작가로 급부상하게 되었다. 상드는 《앵디아나》에 대해 이렇게 썼다.

> 이는 나의 첫 소설로 어떤 계획이나 어떤 예술 내지는 철학의 이론을 염두에 두지 않고 집필했다. (그럼에도 불구하고) 등장인물들이 사회적 폐단으로 인해 겪는 고통의 울부짖음을 표현하게 되었다면 (…) 사회가 그 불평등에 대해 비난받아 마땅할 것이다.

상드의 본명은 오로르 뒤팽(Aurore Dupin)이었으나 여성이 작가가 되는 것을 상상할 수 없던 시절이라 남자 이름인 '조르주 상드'라는 필명을 썼다. 상드는 이름뿐만 아니라 차림새 또한 남장을 즐겼다. 하늘거리는 드레스 대신 넥타이를 매고 조끼와 바지 등 남장 차림으로 거침없이 술집과 전시회와 살롱을 드나들었다. 남장을 한 채 담배 연기를 내뿜는 그녀는 어딜 가나 눈에 띄었는데, 어떤 이들은 그런 그녀를 비난했고 또 다른 이들은 그녀의 남다른 지성을 추앙했다. 그러나 정작 그녀는 어떠한 평판에도 신경 쓰지 않고 자신의 색깔을 드러냈으며 남자를 사랑하는 데 있어서도 자유로웠다.

사랑과 예술에 취한 살롱의 연인

1800년대 프랑스 파리는 낭만주의가 예술가들을 사로잡고 있던 시기였다. 당대 예술가들은 살롱에 모여 시대정신과 예술을 논하며 음악을 즐기고 술과 차와 함께 지성인들과 교제하고 때로 사랑에 빠지곤 했다. 당시의 살롱은 지금의 카페처럼 차만 마시는 공간이 아니라 예술가들이 모여 토론하고 서로의 영감을 주고받는 창조적 공간이었다. 특히 유명 음악가 리스트의 연인이기도 했던 마리 다구 백작부인의 살롱은 예술가들의 아지트로 통하여 당대의 유명 예술가들이 많이 드나들었다.

1836년 조르주와 쇼팽 역시 다구 백작부인의 살롱에서 처음 만났다. 쇼팽은 조국 폴란드 땅의 흙 한 줌을 쥐고 연주 여행을 떠났다가 폴란드에서 혁명이 일어나는 바람에 조국으로 돌아가지 못한 채 자유로운 나라 프랑스로 들어온 26세의 망명 음악가였고, 32세의 조르주 상드는 남장을 하고 잎담배를 피우는 여류 소설가였다. 조르주 상드는 쇼팽의 첫인상에 대해 이렇게 썼다.

"쇼팽은 여성처럼 연약해 보였다."

그렇다고 해서 그녀가 쇼팽에게 전혀 호감을 느끼지 않았는가 하면 그 반대였다. 강인하고 독립적인 기질의 상드는 오히려 유약하고 모성 본능을 느끼게 하는 남자에게 끌리는 경향이 있었던 듯하다. 조르주가 쇼팽을 만나기 전에 유명한 스캔들을 일으켰던 시인 뮈세 역시 조르주보다 6세 연하남인 데다 병약했으며 정서적으로도 불안정해서 누군가의 보살핌이 필요한 캐릭터였으니 말이다. 조르주는 뮈세보다도 더 연약하고 섬세해 보이는 쇼팽에게 처음부터 끌렸다고 한다.

반면에 쇼팽은 그렇지 않았다. 여린 감성을 지닌 쇼팽은 조르주가 다소 부담스러웠다(잠재의식 속에서는 자신도 모르게 끌렸는지도 모르지만). 쇼팽의 눈에 비친 조르주는 이혼녀라는 꼬리표에다 시인 뮈세와의 스캔들, 그리고 뮈세가 병중에 있는 와중에 그의 주치의와도 염문을 뿌리는 등 문란한 사생활로 인해 파격적인 이야깃거리를 몰고 다니는 여자였다. 더구나 쇼팽은 당시 마리아 보진스키라는 여성에게 청혼을 하고 늦어지는 대답을 애타게 기다리고 있던 중이었으니 조르주가 눈에 들어올 리 없었다. 그러나 쇼팽에게 끌린 조르주는 쇼팽을 차지하기 위해 이렇게 의지를 다졌다.

"만약 마리아가 쇼팽에게 진실한 행복과 예술혼을 찾아줄 수 있다면 내가 쇼팽을 포기하겠지만 마리아와의 결혼이나 사랑이 쇼팽의 예술혼을 파괴한다면 내가 그를 빼앗아 오겠다."

상드는 친구 리스트를 통해 여러 번 쇼팽과 자연스러운 만남의 자리를 만들어보고자 했으나 쇼팽은 번번이 상드의 초청을 거절했다. 마리아 보진스키와 결국 헤어지게 된 후에도 쇼팽은 상드에게 마음을 열려고 하지 않았다. 애가 탄 상드는 노앙에서 파리로 쇼팽을 찾아갔다. 그리고 상드의 적극적인 구애에 쇼팽은 마침내 서서히 마음을 열게 된다. 주변의 반대 때문이라고는 하지만 쇼팽을 받아주지 않는 마리아보다 그를 간절히 원하는 조르주에게 마음이 기운 것이다.

▌쇼팽과 상드

어쩌면 그것은 강한 여성에게 의지하려는 약한 남자의 본능 같은 것이었을까? 쇼팽은 열아홉 살에 폴란드 바르샤바 음악원 성악과 여학생 콘스탄치아에게 첫눈에 반했으나 고백할 용기가 없어 결국 짝사랑의 상처를 경험했을 정도로 소심한 남자였고, 결핵 등으로 인해 점점 약해지는 자신에게는 강하게 끌어주는 여자가 필요하다는 것을 막연히 알고 있었는지도 모를 일이다.

쇼팽은 누구보다 섬세하고 여린 감성을 지닌 남자였다. 더구나 결핵은 계속해서 그를 괴롭혔다. 병약함은 쇼팽을 의지가 약하고 소심한 남자로 만들기도 했지만 음악가로서 그 누구보다 날선 감각과 감성을 유지하게도 하였다. 몸이 약할수록 그의 감각은 예민해졌고 살아 있는 감성은 그에게 피아노의 시인이라는 별명을 만들어주었다.

4세 무렵 피아노를 배울 때부터 신동 소리를 듣고 소년 시절 이미 작곡을 시작했으며 20세가 되기도 전에 유럽 각국을 돌며 독주회를 한 쇼팽. 그러한 천재성에도 불구하고 좋아하는 여자에게 고백도 하지 못하는 소심한 정서를 가지고 있었기에 그는 강인한 여성 조르주 상드에게 의지할 수밖에 없었다.

조르주는 그런 쇼팽을 마치 아이를 품에 안듯이 꼭 껴안고서 놓지 않았다. 두 사람의 인연은 당차고 솔직한 조르주 상드로 인해 이어질 수 있었던 셈이다. 다구 백작부인의 살롱에서 운명적인 첫 만남을 가진 후 2년이나 기다려서 이룬 사랑이었다.

그러나 조르주 상드와 6세 연하의 피아니스트 쇼팽의 열애에 대해 파리 사교계는 곱지 않은 시선을 보냈다. 1838년 11월, 조르주는 타인들의 시선을 피하고 더불어 쇼팽의 요양을 위해 지중해의 섬 마요르카로 떠났다. 마요르카 섬은 지금도 '지중해의 하와이'라 불릴 만큼 자연 풍광이 아름다운 곳이다.

21세기에나 유행할 '연상연하' 신드롬을 거의 200년이나 먼저 실현해 보인 쇼팽과 조르주 커플은 마요르카의 아름다운 마을에 집을 마련했지만 거기서도 주변 사람들의 눈초리가 따가웠다. 쇼팽이 결핵 환자라는 것이 알려졌기 때문이다. 두 사람은 쫓겨나다시피 마을을 떠나 마요르카 섬 북쪽의 카르투하 수도원으로 들어갔다. 그야말로 아무도 찾지 않는 한적한 곳이었기에 요양과 작곡을 병행해야 하는 쇼팽과 조르주에게 딱 맞는 곳이기도 했다.

수도원에서 생활하는 동안 병약한 음악가 쇼팽을 지켜주었던 것은 바로 씩씩하고 당찬 여성 조르주였다. 쇼팽은 엄마 품에 안기듯 조르주의 뜨거운 사랑 안에 안길 수 있었다. 수도원이라는 공간은 두 사람의 사랑의 둥지이자 위대한 천재 음악가의 대표적인 명곡인 폴로네즈 A장조, 녹턴 F단조, 24개의 전주곡을 낳은 예술의 산실이 되었다.

둘만의 둥지에서 불타오른 예술혼

비가 쏟아지는 어느 날, 쇼팽은 집에 혼자 남아 있었다. 빗줄기는 점점 거세지는데 연인은 돌아오지 않고 혼자 남은 쇼팽은 연인을 걱정하고 또 그리워한다. 이때 상드가 쇼팽의 약을 구하러 나갔다는 설도 있고 쇼팽과 다투고 집을 나간 것이라는 이야기도 있다. 여하튼 쇼팽의 마음은 심란했다. 그녀의 마음이 많이 상했을까? 이제 내가 싫어지면 어떻게 하나? 여러 가지 생각이 마음을 심란하게 만들었다. 그러다가 쇼팽은 갑자기 피아노 앞으로 달려갔다. 그의 마음에 악상이 떠올랐기 때문이다. 가느다란 손가락이 피아노의 하얗고 검은 건반 위를 바쁘게 오갔다. 유리창을 때리는 빗줄기 소리가 피아노 선율 속으로 녹아들었다. 시간이 얼마나 흘렀을까. 문이 열리는 소리가 들렸다. 뒤를 돌아보니 조르주 상드가 비에 젖은 채 서 있었다. 벌떡 일어나 그녀에게 달려가는 쇼팽의 눈은 벌겋게 젖어 있었다.

"조르주! 당신이 무사히 돌아오기만을 기다리며 이 곡을 작곡했어요."

쇼팽은 조르주에게 자신이 방금 만든 곡을 들려주었다. 쇼팽의 전주곡 24곡 중 15번 곡, 일명 〈빗방울 전주곡〉이다. 〈빗방울 전주곡〉은 조르주 상드에 대한 쇼팽의 염려와 그리움이 담긴 곡이다. 그렇게 쇼팽은 아름다운 명곡들을 계속해서 작곡해내었다.

조르주 상드 역시 창작을 놓지 않았다. 많은 여성들이 남자와 사랑에 빠져 함께 살게 된 후 자신만의 세계에 대한 예리한 감각이 둔해져가는 것과 달리 그녀는 쇼팽에게 헌신하면서도 자신의 예술적 영감을 오히려 더 민감하게 벼릴 줄 아는 여자였다. 둘만의 수도원에서 소설가 조르주는 《마요르카의 겨울》을 집필했다. 서로의 영감을 깨우는 사랑과 관능. 그것이 두 천재적인 예술가가 원하던 삶이었을까?

그러나 마요르카에서 보낸 그해 겨울은 폐병 환자인 쇼팽이 견디기에는 너무 추웠다. 쇼팽의 병이 심하게 도진 어느 날 조르주는 마요르카에서 가장 유명한 의사 세 명을 불렀다. 의사들은 쇼팽의 침 냄새를 맡아보면서 상태를 살펴본 후 서로 다른 진단을 내렸다.

"이미 환자가 죽은 것으로 보입니다."

"환자가 죽어가고 있습니다."

"죽어가고 있어요. 살아날 가능성이 없습니다."

그렇게 혹독한 병이 쇼팽을 휘갈기며 지나가곤 했다. 마요르카에서 따뜻한 남쪽 나라의 기후를 기대했지만 상당히 추운 겨울을 겪은 두 사람은 결국 그곳을 떠나 파리 남부에서 300km 떨어진 프랑스 노앙으로 거처를 옮긴다. 상드의 고향인 노앙에는 그녀의 집이 있었기 때문에 보다 안정적으로 요양을 하면서 살 수 있었다. 조르주 상드는 쇼팽을 위해 특별 방음장치와 최신 난방시설을 마련했다. 쇼팽이 연주하는 데 방해받지 않도록 이중문을 설치해주었다. 쇼팽은 그 방에서 다른 사람들을 신경 쓰지 않고 마음껏 피아노를 두들기며 작곡과 연주에 집중할 수 있었다.

노앙은 쇼팽뿐 아니라 상드의 지인들인 유명 예술가들이 드나드는 예술계의 아지트가 되었다. 상드는 그들을 위해 아틀리에를 만들어주거나 공연을 열었다. 그녀는 쇼팽을 사랑했을 뿐만 아니라 예술과 문학을 사랑했다. 어쩌면 그녀는 쇼팽이라는 남자와 함께 그 남자 안에 들어 있는 음악적 천재성 그것을 사랑했는지도 모른다. 천재성을 사랑하고 이끌어내주는 것에 희열과 보람을 느꼈을 수도 있다. 그녀는 1839년 7월 그녀의 친구이자 쇼팽의 지인인 샬럿 말리아니 백작부인에게 보낸 편지에 이렇게 적고 있다.

> 쇼팽은 기분이 좋아졌다가 나빠지기를 반복해서 좋아진 것인지 나빠진 것인지 확실하지가 않아요. (…) 조금만 힘이 나는가 싶으면 들뜨다가도 우울한 감정에 사로잡힐 때면 피아노로 달려가서 아름다운 곡을 만들지요.

치열한 예술가의 정신세계가 범인의 그것과 같을 리 없다. 조르주역시 그것을 잘 알고 있었기에 모성애적 사랑으로 쇼팽의 예민함을 견디며 그가 마음껏 창작에 몰두할 수 있도록 배려했다. 안정적인 보살핌 속에서 쇼팽의 음악은 계속해서 영글어갔다. 녹턴 11번은 마요르카에서 시작해 노앙에서 마무리한 곡으로 추정된다. 녹턴 12번 역시 노앙에서 완성되었다. 쇼팽과 조르주의 사랑 또한 더욱 단단해졌다. 1839년, 쇼팽은 친구 폰타나에게 보낸 편지에 이렇게 적었다.

…여러 이야기에 나는 놀라지 않네…. 이 또한 지나가리. 우리의 혀가 썩을지라도 우리의 영혼은 고스란히 남으리니….

그렇게 조르주의 집에서 요양을 하면서 동시에 두 사람의 사랑이 깊어지는 사이 녹턴 13, 14번의 창작도 이어졌다. 피를 토하고 쓰러지고 의사가 다녀가곤 하는 일상도 끊임없이 반복되었고 연인의 병수발을 하는 가운데 조르주 상드의 대표적 사회소설《콩쉬엘로(Consuelo)》도 완성되었다.

다 타버린 사랑은 후회를 남기지 않는다

끔찍해요. 내 품에서 젖을 빨다가 빠져나간 적과 싸우는 것보다는 당신이 적과 손을 잡는 것을 보는 편이 나아요. 그 애를 잘 보살펴주세요. 당신이 헌신해야 한다고 생각하는 대상은 바로 그 애니까요…. 당신이 진지한 고백을 해준 이상 당신을 용서하고 어떠한 비난도 하지 않겠어요. 그럼 안녕히. 당신이 모든 병으로부터 조속히 치유되기를 빌어요. 그리고 지난 9년 동안의 독점적인 사랑을 이렇듯 기이하게 결말지어준 신께 감사해요.

1847년 7월, 마흔이 넘은 조르주 상드는 37세의 쇼팽에게 이별의 편지를 쓴다. 품에서 젖을 빨다가 빠져나간 적이란 아마도 상드의 딸인 솔랑주를 말하는 듯하다. 상드가 자신에게 조금이나마 남아 있던 여자로서의 젊음을 연하남 쇼팽에게 바치며 뒷바라지를 하는 세월 동안 어린애였던 솔랑주가 아리따운 아가씨로 성장하여 쇼팽과 연인 사이가 되어 있었던 것이다. 상드의 딸 솔랑주와 쇼팽이 실제로 상드를 배신하고 연인 관계가 되었는지 상드의 오해에 불과했는지는 정확하게 알 수 없다. 확실한 것은 상드는 솔랑주와 쇼팽의 관계 때문에 결국 이별을 선택했다는 것이다. 자신의 딸과 연적이 되어 다투느니 딸과 자신의 남자가 손을 잡는 것을 보는 게 낫다고 편지에 적고 있다. 그리고 그토록 기이한 결말—딸에게 애인을 빼앗기는 상상조차 하지 못했던 결말—을 주신 신께 감사한다고 말하고 있다.

쇼팽을 처음 만난 이후 홀로 연모하며 그의 사랑을 갖기 위해 기다린 2년의 시간, 함께 살면서 가장과 간호사의 역할까지 감당하며 쇼팽을 돌보았던 시간들, 그런 와중에서도 자신의 창작을 녹슬지 않게 하기 위해 미친 듯이 글을 써야 했던 숱한 밤들이 상드의 내면에서 회오리치듯 스쳐 지나갔겠지만, 모든 것을 다 바쳐 사랑한 사람에게는 찌꺼기가 남지 않는 법이다. 상드는 상처받았지만 상처 때문에 자신의 남은 인생을 울면서 보내지는 않았다. 쇼팽의 배신으로 인해 혹독한 결말을 맞이하였음에도 불구하고 그녀는 쇼팽을 떠났을 뿐 사랑을 떠나지는 않았다. 말년에 열세 살 연하의 조각가 알렉산드르 망소와의 사랑을 받아들였으니 말이다.

그러나 쇼팽은 그렇지 않았던 모양이다. 쇼팽에게는 조르주가 꼭 필요한 사람이었던 것일까? 조르주와 헤어진 후 정신적인 지주이자 생활의 지주를 잃어버린 쇼팽은 건강이 급속도로 악화되었다. 순회 연주를 떠나기도 했지만 그의 꺼져가는 체력으로는 무리였던지 서둘러 파리로 돌아와야 했고, 결국 조르주와 헤어지고 2년쯤 지난 무렵 마흔도 안 된 39세의 젊은 나이로 세상을 떠났다. 쇼팽의 여린 감성과 병약한 육신이 오래도록 머물기에 이 세상은 너무도 가혹했던 모양이다.

그는 조국이 아닌 프랑스의 페르 라세즈 묘지에 묻혔다. 청년 시절 조국 폴란드 바르샤바를 떠날 때 쥐고 온 한 줌의 흙이 그를 덮어주었다. 지금 프랑스 몽소 공원엔 피아니스트이자 위대한 작곡가였던 프레데리크 쇼팽과 그의 연인 조르주 상드의 아름다운 조각이 세워져 있다. 쇼팽은 그녀를 위해 피아노 앞에 앉아 희고 가느다란 손가락으로 연주를 하고 조르주는 그 밑에 앉아 쇼팽의 사랑과 선율에 심취해 있는 모습이다.

사랑은 머무르지 않는다. 처음의 열정과 상대방에 대한 환희, 긍정적인 확신, 무엇이라도 이해할 수 있을 것 같은 기쁜 포용력, 작은 반응에도 열렬히 감사하게 되는 겸허한 기대, 나와 다른 차이조차 매력으로 다가오는 마약 같은 경이… 이러한 감정은 영원할 수 없다. 그러함에도 불구하고 우리는 사랑을 숭배하고 기대하고 그것에 열광한

다. 그리고 진정으로 뜨겁게 사랑했다면 아픈 결말에도 후회하지 않는다. 후회는 언제나 사랑하는 일에 여지를 남긴 사람들, 상처받을까 봐 혹은 자존심이 상할까 봐 온전히 자신을 태우며 사랑하지 못한 사람들에게 남는 법이니까. 조르주 상드는 이렇게 말했다.

사랑하라, 인생에서 좋은 것은 그것뿐이다.

나의 누이여,
가질 수 없는
여자여

§

스승의 아내
클라라를 사랑한 브람스

"오늘 6시에 아주 좋은 음악회가 있습니다. 브람스를 좋아하세요?"

프랑스의 작가 프랑수아즈 사강의 《브람스를 좋아하세요...》라는 소설의 한 대목이다. 시몽이라는 25세의 풋풋한 변호사가 39세의 실내 장식가인 폴이라는 여자에게 음악회에 가자며 데이트를 신청한 것이다. 14세 연하의 남자에게 데이트 신청을 받은 폴은 결국 음악회장에 나간다. 남자를 만나러 가는 게 아니라 단지 음악을 들으려는 것뿐이라고 스스로에게 속삭이면서. 그녀에게는 오래된 연인이 있다. 그러나 최근 들어 그녀의 아파트를 찾는 일이 적어졌고 그녀의 눈을 피해 다른 젊은 여자들과 바람을 피워대는 그야말로 '오래된' 연인으로 인해 그녀는 고독에 빠져 있었고, 그 자리를 14세 연하의 남자가 파고들어 왔다. 소설의 작가인 사강은 제목에 붙은 문장부호가 물음표가 아니라 말줄임표라는 것을 강조한다. 도대체 브람스에게 어떤 사연이 있기에?

브람스는 열네 살 연상이자 스승 슈만의 아내이기도 한 클라라라는 여인을 사랑했다. 평생에 걸쳐 이루어질 수 없는 사랑을 한 브람스. 브람스는 클라라에게 수없이 말하고 싶었을 것이다. 나, 브람스를 사랑해주세요, 라고. 소설 중의 시몽 역시 연상의 여인에게 브람스를 좋아하냐고 취향을 물었지만 정작 말하고 싶었던 것은 '브람스를 좋아해달라'는 것이었으리라. 브람스처럼 연상의 당신을 좋아하는 나를 좋아해주세요, 라고. 그래서 제목에 붙은 문장부호는 물음표가 아니라 말줄임표가 되어야 한다.

프랑수아즈 사강은 자신의 소설 《브람스를 좋아하세요...》에서 연령을 초월한 사랑의 지고지순함이나 영원성을 말하고 있지 않다. 오히려 사랑의 덧없음에 대해 주목하고 있다고 작가는 말했는데, 정작 현실 속 사랑의 주인공인 브람스는 죽을 때까지 클라라를 사랑한 것으로 보인다. 그런 면에서 브람스는 최소한 사랑의 영원성을 이야기할 자격은 있는 것이 아닐까 싶다.

미모의 유명인을 아내로 맞이한 슈만

클라라와 브람스의 사랑 이야기를 시작하기 전에 먼저 로베르트

알렉산더 슈만에 대해 말하지 않을 수 없다. 슈만은 어린 시절 작곡 등 음악에 재능을 보였지만 자라서는 라이프치히 대학에서 법률을 전공한 법학도였고, 음악보다 문학에 조예가 깊은 청년이었다. 그러다가 다시 음악에 대한 열정을 불태우며 피아노 교수 비크의 문하생이 되어 그의 집에 드나들게 된다. 비크에게는 신동으로 불리는 딸이 있었다. 슈만보다 아홉 살 어린 열한 살 소녀 클라라였다.

소녀는 자라나면서 슈만과 연인 사이가 되었다. 그러나 비크 교수는 두 사람의 결혼을 허락하지 않았다. 딸의 음악적 재능을 일찌감치 발견한 비크 교수의 영재교육 덕에 클라라는 어린 나이에 이미 유럽의 유명 스타가 되어 있었지만 그에 비해 슈만은 아직 아무것도 가진 것 없는 풋내기 청년에 불과했기 때문이다. 여성에게는 사회적 삶 자체가 허락되지 않던 시대 분위기를 감안한다면 클라라의 인기와 명성은 대단히 예외적인 것임을 짐작할 수 있다. 당대 최고의 지식인이었던 괴테가 클라라의 연주를 듣고 "사내아이 대여섯을 합한 것보다 낫다"라고 칭송했을 정도다.

'이처럼 탁월한 재능과 헌신적인 품성을 가진 여성과 결혼할 수만 있다면!'

결코 놓쳐서는 안 되는 여자라고 생각했는지, 아니면 맹목적인 사랑에 눈이 멀었던 것인지, 슈만은 클라라를 얻기 위해 법적 공방을 불사했다. 당시 법은 여성이 21세가 될 때까지 아버지의 동의 없이 결혼을 하지 못하도록 되어 있었다. 법학도 출신인 슈만은 여러 해에 걸친 지루한 법정 공방을 기꺼이 감수했고, 1840년이 되어서야 마침내 법정에서 슈만의 손을 들어주었다. 클라라가 21세가 되기 바로 직전이었다. 어렵게 쟁취한 사랑인 만큼 슈만의 기쁨은 컸던 것으로 보인다. 결혼한 그 한 해 동안에만 무려 130편이 넘는 가곡을 작곡했던 것을 보면 말이다.

클라라는 결혼 후 가정에 무척 충실한 모습을 보였다. 스스로 작곡을 할 수 있었음에도 결혼 후에는 남편의 작곡을 최우선시 했으며, 거의 해마다 아이들을 낳고 기르느라 음악가로서의 삶보다는 양육과 남편 뒷바라지에만 헌신된 생활을 해야 했다. 다만 생계를 위해 해외 순회공연을 자주 했다. 여성 음악가를 인정하지 않았던 시대임에도 불구하고 세상 사람들은 재능과 미모를 겸비한 클라라에게 열광했고, 그만큼 그녀의 수입은 가계에 많은 도움이 되었다. 클라라의 일기에는 이런 글귀가 남아 있다.

나는 한때 내가 훌륭한 재능의 소유자라고 생각했었다. 그러나 난 그 생각을 포기해버렸다. 여자는 작곡을 하려 해서는 안 된다.

동시대를 살았던 조르주 상드가 자유로운 연애와 삶을 누리면서 창작에 몰두했던 것과는 상반된 모습이다. 탁월한 재능을 가지고 있음에도 불구하고 결혼이라는 굴레 때문에 자신의 꿈을 제대로 펼쳐보지도 못한 채 아이를 낳고 기르고 남편을 뒷바라지하는 데 평생을 보낸 것은 클라라의 입장에서 보면 다소 씁쓸한 일이지만 남편에게는 고마운 일이었을 것이다. 비록 음악가 슈만보다는 피아니스트 클라라의 남편으로 알려지는 것에 분통을 터뜨린 적도 있긴 하지만, 평생 클라라의 사랑과 헌신이 있었기에 무명이었던 그가 많은 명작을 남길 수 있었던 것만은 분명하다. 자신을 행복하게 해줄 뿐만 아니라 음악적 감각과 분석력으로 음악가 남편의 성장을 적극 도울 수 있는 여자를 선택한 슈만은 여자를 알아보는 눈이 탁월했던 셈이다.

그런데 슈만은 여자를 보는 눈만 있었던 게 아니다. 음악 천재를 알아보는 눈도 탁월했다. 쇼팽이라는 당대의 천재와 브람스를 알아보고 세상에 알리는 데 기여를 한 이도 바로 슈만이었다.

"여러분, 모자를 벗으십시오. 천재가 나타났습니다."

이것은 슈만이 쇼팽의 음악을 처음 알게 되었을 때 한 말로 유명하다. 슈만은 빈에서 쇼팽의 음악이 출판되자 단번에 그 천재성을 알아보고는 기고를 통해 천재의 출현을 사람들에게 알렸다. 슈만과 쇼팽은 동갑내기였고 똑같은 음악가였지만 슈만은 경쟁의식보다 천재에 대한 경의를 표한 것이다. 그런 슈만이었기에 자기보다 훨씬 나이가 어린 데다 천재적인 재능이 번뜩이는 청년 음악가 브람스를 만났을 때 얼마나 큰 기쁨과 격려를 보냈을지 충분히 짐작할 수 있다.

1853년 9월, 갓 스무 살이 된 청년 작곡가 브람스가 바이올리니스트 요하임의 소개로 슈만을 찾아왔다. 자신이 작곡한 악보를 조심스럽게 들고 온 청년 음악가를 반갑게 맞이한 슈만 부부는 그의 연주를 듣고 나서 탁월한 재능을 한눈에 알아보고 칭찬을 아끼지 않았다. 슈만은 브람스를 한 달 넘게 자신의 집에 머물게 하고 친절을 베풀며 음악적인 교감을 함께 나누는 즐거운 시간을 보냈다. 그리고 그해 10월, 자신이 발행하는 《음악신보》의 '새로운 길'이라는 기고에서 브람스를 다루며 "이 시대의 이상적인 표현을 가져다줄" 음악가라고 극찬을 아끼지 않았다. 덕분에 브람스는 음악계에 조금씩 자신의 존재를 알릴 수 있었다. 그렇게 슈만, 클라라, 브람스의 아름다우면서도 슬픈 삼각관계는 시작되었다.

스승의 아내를 사랑했네

운명적인 사랑에 빠져 오랜 인내 끝에 결혼에 성공한 슈만과 클라라였지만 누구나 그러하듯 두 사람의 행복은 그리 오래 지속될 수 없었다. 젊은 시절 방탕하게 지냈던 탓에 일찌감치 매독 증세를 보인 데다 원래도 다소 신경질적인 성격이었던 슈만에게 정신착란 증세까지 나타나기 시작한 것이다. 특히 그는 이명현상으로 불안해했다.

"도저히 신문을 읽을 수가 없어. 내 귀에는 계속 A음이 울리고 있어."

이렇게 말할 정도로 슈만은 괴로움을 토로했는데, 청년 브람스가 그를 처음 찾아온 것은 이 무렵이었다. 그 후로도 증세는 계속 심해져서 맡고 있던 뒤셀도르프 관현악단 지휘자 자리까지 내놓아야 할 정도로 정상적인 생활이 점점 불가능해졌다. 슈만은 깊은 절망에 빠져들었다. 1854년 2월의 어느 날, 슈만은 한마디만을 남긴 채 맨발로 집을 뛰쳐나갔다.

클라라 | 슈만
브람스

"클라라, 나는 당신의 사랑을 받을 자격이 없어."

밖에서는 세차게 비가 내리고 있었지만 슈만은 제대로 웃옷도 걸
치지 않고 뛰쳐나가 라인 강 다리 위에서 무작정 몸을 던졌다. 다행

히 지나가는 배에서 목격하고 그를 구해 집에 데려다주었는데, 그는 가족들에게 어떤 변명이나 설명도 하지 않은 채 방에 들어가 작곡을 계속했다고 한다.

그러나 이후 슈만은 결국 교외의 엔데니히 정신병원에 입원하게 된다. 가장이 사라진 가정에서 클라라는 일곱 아이를 혼자서 길러내야 했으며, 게다가 당시 클라라는 여덟 번째 아이를 임신 중이었다. 자신에게 은혜와 친절을 베풀어준 슈만 부부에게 불행이 닥치자 브람스는 정성을 다해 클라라와 슈만의 아이들을 보살폈다. 1854년 10월, 브람스는 클라라에게 이런 편지를 보냈다.

올해는 부인과 멋진 여름을 보냈습니다…. 멋지다, 라고 표현한 것을 용서해주세요.

브람스의 가슴에 클라라에 대한 연모의 감정은 점점 더 강렬해졌다. 물론 브람스와 클라라가 세상으로부터 지탄받을 만한 행동을 하지는 않았다. 그러나 가슴속에서 자라는 사랑의 감정까지도 잘라낼 수는 없었다.

누군가를 사랑한다는 것은 나라는 존재 안에 나 아닌 다른 누군가의 이름이 들어와 물결을 일으키도록 허락하는 일일 것이다. 사랑하는 이의 이름 석 자가 그립고 아련해서 소리도 없이 그의 이름을 불러보는 순간이 우리에게는 얼마나 많은가. 브람스 역시 그러했던 모양이다. 언제부터인가 가슴속에 자리 잡은 클라라라는 이름을 벅차게 불러보고 싶었나 보다.

> 사랑하는 클라라, 나는 말로 표현할 수 없을 만큼 당신을 사랑합
> 니다. 싫증도 내지 않고 아첨도 하지 않고 사랑의 뜻을 가진 모
> 든 수식어를 사용해 당신을 불러보고 싶습니다.

1856년 5월 31일, 브람스가 클라라에게 쓴 편지이다. 클라라에 대
한 감정이 더욱 간절해진 것을 느낄 수 있다. 이 편지를 보내고 두 달
쯤 지났을 무렵 슈만이 정신병원에서 생을 마감했는데, 그 순간에 대
해 브람스는 이런 기록을 남겼다.

> 나는 클라라와 로베르트의 재회보다 감동적인 것을 본 적이 없
> 다. 그는 눈을 감고 누워 있었다. 그녀는 그의 앞에 무릎을 꿇었
> 고 믿을 수 없는 정적이 흘렀다. 그는 이윽고 그녀를 알아보았
> 다. 그녀를 끌어안으려 했으나 한 팔밖에 올라가지 않았다. 그는
> 너무도 조용히 가버려서 우리는 그 사실을 미처 알지 못했다.

1856년 7월 29일, 슈만의 마지막 가는 길을 클라라와 브람스가 지
켰다. 이때 슈만의 나이는 46세였다. 37세의 미망인 클라라 곁을 지
키고 있는 청년 브람스는 23세에 불과했다. 슈만은 눈을 감기 전에
브람스의 감정을 알고 있었을까? 브람스와 클라라가 함께 슈만의 병
문안을 가기도 하였는데, 예민하면서도 아내를 사랑했던 슈만으로서

는 어쩌면 클라라를 당부하고 싶은 심정으로 브람스의 감정을 묵묵히 지켜보았을지도 모를 일이다. 그의 극심한 정신질환과 건강 악화는 이미 그의 파멸을 분명하게 말해주고 있었으니까. 혼자 남아 여덟 아이를 길러야 하는 아내 곁에 믿을 만한 청년 브람스가 있다는 것을 다행스러워하면서도 슬픔과 아픔이 차오르는 복잡한 심경이 아니었을까?

슈만이 죽은 후 브람스는 과연 클라라와의 사랑을 이룰 수 있었을까? 스승의 아내를 사랑한다는 사실 때문에 고통스러워하던 브람스에게 슈만의 죽음은 비극이면서 동시에 클라라가 결혼이라는 굴레에서 벗어났음을 말해주는 희망의 소식이기도 했을 것이다. 그러나 클라라는 끝까지 슈만의 아내로 남는 길을 택했다. 브람스에 대한 애정이 없었다기보다는 여덟 아이를 데리고 어린 남자와 새로운 인생을 무모하게 시작할 수 없어서라고 보는 것이 더 개연성이 높을 것이다. 그러나 만약 브람스라는 남자가 자신에 대한 사랑 때문에 평생 독신으로 살게 된다는 미래를 미리 내다볼 수 있었다면 그녀는 또 다른 선택을 했을지도 모를 일이다.

브람스는 클라라에게 한 사랑의 고백이 받아들여지지 않자 괴팅겐 대학 교수의 딸 아가테 폰 지볼테와 약혼을 하고 그녀를 위해 작곡을 하기도 했다. 그러나 그 약혼은 결혼으로 이어지지 못하고 결국 브람스는 클라라에게 돌아온다. 그리고 평생 혼자 살았다.

사랑이 영감으로, 교감은 예술로

브람스는 홀로 남은 클라라를 위로하기 위해 〈레퀴엠〉을 작곡했다. 당시 가톨릭의 레퀴엠이란 일반적으로 죽은 자의 영혼을 위로하기 위한 것이었지만 브람스는 "살아 있는 사람을 위해 레퀴엠을 바치고 싶다"며 클라라를 위한 곡을 지었다.

사실 브람스가 클라라를 위해 곡을 만든 것은 그때가 처음이 아니었다. 이미 처음 만났던 즈음에 피아노 소나타(작품 2)를 작곡해서 바쳤고, 일곱 번째 아이를 임신했을 때는 피아노 3중주곡 제1번(작품 8)을, 슈만이 정신병원에 들어가고 클라라가 혼자서 막내를 낳았을 때는 슈만의 주제에 의한 변주곡(작품 9)을 바친 바 있다.

클라라는 슈만이 죽은 후 브람스와의 새로운 삶을 시작하는 대신 죽은 음악가 남편을 알리는 데 심혈을 기울였다. 끝없이 연주회를 갖고 학생들을 가르치면서 돈을 벌어 아이들의 양육과 생계를 끌고 가면서도 슈만의 곡을 세상에 알려나갔다. 살아서는 그다지 큰 명성을 얻지 못했던 슈만의 이름은 죽은 이후 활짝 피어났다.

또한 클라라는 브람스와 부부의 연을 맺지 않았지만 같은 음악가로서 동반자적 우애를 지속해나갔다. 그리고 남편의 음악성을 키워주던 그 능력으로 브람스의 음악적 성장을 도왔다. 브람스는 곡 해석과 감각이 탁월한 클라라에게 언제나 자기 작품에 대한 의견을 묻고 참고하곤 했다. 특히 브람스는 첫 번째 교향곡을 20년이라는 오랜 세월에 걸쳐 완성한 것으로 유명한데, 그 작업을 할 때도 자신이 쓰고 있는 부분에 대해 클라라의 의견을 듣곤 했다.

"짜임새는 훌륭하지만 멜로디의 친근함이 좀 아쉽네요."

브람스가 두 대의 피아노를 위한 소나타(Op.34b)를 작곡했을 때도 클라라의 도움이 있었다.

"이것은 훌륭한 작품이긴 하지만 소나타라고는 할 수 없습니다. 이 악보는 완전한 오케스트라를 필요로 하는 악상으로 가득 차 있는 만큼 당신은 이 작품을 다시 한 번 검토하는 게 좋을 것 같아요."

클라라의 의견에 따라 브람스는 그 곡을 피아노 5중주 형태로 수정했다고 전해진다. 홀로 남겨진 클라라에게 브람스가 없어서는 안 될 존재였듯 브람스에게도 클라라는 없어서는 안 되는 여인이었다. 스승의 아내였던 까닭에 끝내 지켜볼 수밖에 없었지만 브람스는 클라라와 한평생을 함께했다.

1896년, 그들이 함께한 세월도 끝나가고 있었다. 클라라는 그해 3월 뇌출혈로 쓰러졌다가 잠시 회복되었는데, 그때 이미 브람스는 죽음을 예감하고는 클라라의 딸에게 이렇게 당부해두었다.

"최악의 사태를 각오해야 할 상황이 되면 어머니의 다정한 눈이 감기기 전에 내가 갈 수 있도록 바로 연락해줘요."

평생 독신으로 살면서 한 여자를 바라보았던 브람스에게 클라라의 죽음은 마치 자기 자신에게 죽음이 다가오고 있는 것처럼 두렵고 떨리는 일이었으리라. 결국 그해 5월 연락을 받고 정신없이 달려간 브람스는 클라라의 시신이 무덤에 매장되기 직전에야 간신히 장례식장에 도착할 수 있었다. 그녀의 죽음에 대해 그는 이렇게 한탄했다.

> 나의 삶의 가장 아름다운 체험이요, 가장 위대한 자산이며, 가
> 장 고귀한 의미를 상실했다.

때로 사랑은 남녀의 정을 넘어 더 높은 차원의 정신적 영역으로까
지 깊어지기도 하는 모양이다. 자신의 영혼과 삶과 예술을 지탱해주
던 한 사람을 잃는다는 것은 온 세계를 잃는 것이기에 브람스는 혼자
남은 삶을 오래 끌지는 못했다. 클라라라는 절절한 운명을 평생 안고
살았던 까닭인지 클라라가 떠난 후 눈에 띄게 병약해진 브람스는 이
듬해 64세의 나이로 사망했다.

이 어린애가
내 남편이랍니다

§

맨발의 무용수 이사도라 덩컨과
매혹적인 시인 세르게이 예세닌

1925년 12월, 한 젊은이가 모스크바의 정신병원에서 나와 거리를 배회하다가 상트페테르부르크까지 이르러 앙글르테르 호텔로 들어섰다. 창백하게 병색이 느껴지는 얼굴이지만 눈부신 금발과 섬세한 지성이 번뜩이는 눈빛만은 사람들의 눈길을 끌었다. 그는 사람들의 시선에 아랑곳없는 표정으로 방에 들어가 며칠을 묵었다.

앙글르테르 호텔은 몇 년 전 사랑하는 아내와 신혼여행을 와서 묵었던 추억의 장소이지만 지금 그는 혼자였다. 깊은 고독 가운데 그는 시를 쓰고 싶어졌다. 아니, 시를 써야만 했다. 그러나 애석하게도 호텔방의 잉크는 말라 있었다. 떠오르는 시상이 허무한 사랑처럼 이내 사라지기 전에 기필코 무언가를 써야 했던 시인은 칼로 손목을 그었다. 뜨겁고 시뻘건 피가 솟아 나왔다. 시인의 가슴에서 터져 나오는 언어를 새기기에는 그 어떤 잉크보다도 적절한 도구였을지도 모른다. 그는 펜 대신 자신의 손가락을 붉은 잉크에 적셔 가슴속 시어들을 쏟아내기 시작했다.

> 잘 있거라
> 나의 벗이여, 잘 있거라
> 사랑스러운 벗이여, 너는 나의 가슴속에 있다
> 운명적인 이별은 내일의 만남을 약속한다.
> 잘 있거라, 나의 벗이여,
> 손도 못 잡고 말 없는 이별이지만
> 한탄하지 말고 슬퍼하지 말라
> 인생에서 죽는다는 건 새로울 게 없다
> 물론 산다는 것도 새로울 게 없다.

모스크바에서 만난 천사

그로부터 몇 년 전인 1921년, 모스크바의 한 클럽. 미국 출신의 한 여성이 러시아 청년에게 손짓을 한다. 마흔이 넘은 그 여성에게 청년은 귀여운 아이로 보일 만한 스물여섯의 나이. 그러나 자유로운 영혼을 가진 그녀에게 그는 귀엽게 보이기보다는 아름다워 보였던 듯하다.

이사도라 덩컨과 세르게이 예세닌

"머리카락이 황금 빛깔이야!"

여자의 눈은 감탄과 그리움에 젖어들었다. 그녀의 기억 속에 찬란한 금빛 머리카락을 지닌 또 다른 한 사람이 있었기 때문이다. 기억 속의 그리움은 현실에서 나타난 금발 청년에 대한 애틋함으로 피어올랐다. 그녀는 금발 청년에게 얼굴을 갖다 대며 입을 맞추었다.

"천사로군! 아니, 악마일지도 모르지."

천사 또는 악마, 천국 또는 지옥. 그것은 사랑에 빠진 누구나가 겪는 사랑의 이중적인 본질이자 그녀가 곧 겪게 될 운명을 예고하는 말이기도 했다.

금발 청년의 이름은 세르게이 예세닌. 이사도라 덩컨이라는 유명 무용수와의 드라마 같은 사랑 이야기에 가려 그의 시성이 덜 주목받은 느낌이 있지만, 사실 그는 당대부터 러시아가 사랑하는 천재 시인이었다. 제2의 푸슈킨, 그리고 프랑스의 요절한 천재 시인 랭보와 비견되곤 했다.

세르게이는 1895년 러시아 라잔의 빈농의 집안에서 태어나 어린 시절 농촌에서 자라났다. 청년기에는 상점 직원과 인쇄공 등으로 일하며 시를 썼고 20세를 갓 넘은 1916년에 첫 시집 《초혼제》를 내며 스타 시인이 되었지만, 그는 여전히 부르주아가 아닌 빈농의 아들로서 목가적인 정서를 사랑했다.

그러나 그의 외모는 목가적인 시 세계와는 달리 귀족적인 분위기를 풍겼다. 눈부신 금발에 사슴 같은 눈망울, 시적 감수성이 배어 있는 눈빛과 표정을 지니고 있었다. 대학 문턱에도 가보지 않았지만 러시아 이미지즘 운동을 이끌 만큼 예리한 지성은 그의 금발 머리카락과 눈망울에 그만의 특별한 마성을 불어넣었다. 많은 여성들이 그에게 빠져들었고 이사도라 덩컨 역시 마찬가지였다.

그러나 이사도라 덩컨이 예세닌에게 끌린 것은 그러한 매력에 대한 이끌림을 넘어, 어쩌면 피할 수 없는 숙명과도 같은 것이었다. 이사도라는 그에게서 오래전 가슴에 묻을 수밖에 없었던 또 다른 금발 소년, 자동차 사고로 강물 속으로 사라진 자신의 아들 패트릭을 보았던 것이다. 예세닌은 마치 패트릭이 살아 돌아온 듯한 얼굴을 하고 있었다.

살다 보면 이러한 환영과 이끌림에 온전히 마음을 내어줄 때가 때때로 있다. 우연이지만 운명 같은 이끌림을 거부할 수 있을 만큼 차가운 감성을 지닌 사람은 많지 않다. 다만 우연 같은 운명이 우리네 일상 속에서는 그렇게 자주 일어나지 않을 뿐이다.

이사도라는 1906년에 런던의 무대 디자이너 고든 크레이그와 첫 딸을 낳았으며 1910년에 미국의 부호 파리스 싱어와의 사이에서 아들을 낳았는데, 두 아이를 한날한시에 잃고 만다. 아들 패트릭이 겨우 세 살이 되던 해였다. 나들이를 나갔다가 춤 연습을 하기 위해 아이들만 먼저 집으로 돌려보낸 것이 화근이었다. 아이들이 탄 차가 센강을 따라가던 중 엔진이 꺼지는 바람에 강 속으로 곤두박질쳤다. 차를 건져냈을 때 아이들은 이미 차가운 시신으로 변해 있었다. 그 후로 한동안 파리 시민들은 아이들의 이름을 부르짖으며 미친 듯이 센강변을 뛰어다니는 이사도라를 종종 볼 수 있었다고 한다.

그렇게 아이들을 잃은 이사도라가 오랜 세월이 흐른 후 금발 청년 세르게이를 만난 것이다.

위태로운 천재를 품에 안다

아이들을 떠나보낸 후 1914년에 이사도라 덩컨은 러시아로 건너갔다. 아이들은 갔지만 그녀에게는 춤이 남아 있었고, 가슴에 비수를 꽂은 채로, 아니 가슴에 비수가 꽂혀서 피가 흐를수록 그녀는 춤을 추어야 했다.

그녀는 미국에서 태어나 거의 독학으로 춤을 추면서 현대의 자유무용을 창시한 인물이다. 고전 발레와는 달리 그리스식 옷을 입은 채 맨살을 드러내고 맨발로 춤을 추는 그녀의 예술을 당시 미국은 이해하지 못했다. 이에 실망한 이사도라는 1900년 무렵 유럽으로 건너갔고 이후 프랑스, 독일, 러시아 등지에서 새로운 바람을 일으켰다.

러시아를 처음 방문한 것은 1905년 러시아의 공산주의 혁명이 일어나기 직전이었다. 그녀가 혁명의 기운이 뜨겁게 달아오른 붉은 광장에서 토슈즈를 벗어던지고 맨살을 드러낸 채 자연 그대로의 바람인 듯 춤추며 뛰었을 때 러시아 민중들은 열광했다. 그녀가 집어던진 것은 단순히 토슈즈가 아닌 구시대의 관념과 관습이었고, 그것은 새로운 춤의 정신에서 더 나아가 새로운 시대정신을 상징하고 있었기 때문이다. 특히 러시아의 문인들은 그녀의 춤을 칭송했다. 러시아가 그녀를 사랑했듯이 그녀 또한 러시아를 사랑했다.

그런 이사도라가 모스크바에서 세르게이를 만난 것은 1921년이었다. 20세기 춤의 혁명을 일으킨 무용수 이사도라 덩컨과 러시아가 낳은 천재 시인 세르게이 예세닌은 열렬한 사랑에 빠졌다. 마흔이 넘은 중년 여성과 아들뻘이 되는 청년 시인의 사랑에 세상의 시선은 곱지 않았다. 그러나 이사도라도 세르게이도 그런 것은 그다지 신경 쓰지 않았다. 그들에게 중요한 것은 서로가 서로를 어떻게 바라보느냐 하는 것뿐이었다.

이듬해인 1922년 5월에 결혼한 그들은 모스크바에서 유럽과 미국 등지로 신혼여행 겸 공연여행을 떠난다. 모든 것이 행복에 겨워 5월의 봄 햇살처럼 반짝이고 있었다. 그녀는 자신의 남편을 "천사같이 아름다운 천재"라고 불렀다.

그런데 이 만남이 이사도라의 인생에 행운인 것만은 아니었다. 세르게이의 천재성 안에는 어린아이와 같은 불안정한 정서와 누구도 말릴 수 없는 광기가 내재해 있었기 때문이다.

두 사람의 결혼은 처음부터 혼란과 광기의 도가니였다. 신혼여행 때부터 예세닌의 광폭한 술주정은 이사도라를 혼란에 빠뜨렸다. 그는 시도 때도 없이 술주정을 부려서 유럽의 최고급 호텔 객실을 난장판으로 만들어놓곤 했다. 이미 세계적인 유명세를 가지고 있던 이사도라 덩컨과 러시아 서정시인 커플의 이런 모습은 전 세계 언론의 주목을 받았다.

세르게이는 신경쇠약, 알코올 중독에 시달렸는데 술에 취하면 이사도라에게 "더러운 늙은 암캐"라고 욕설을 퍼붓는 것도 주저하지 않았다. 또한 그는 반지, 시계, 모자 등 물건을 사들이는 데 광적으로 집착하여 박물관이나 콘서트장에 외출을 할 때면 상점으로 가서 마음에 드는 물건은 무엇이든 바로 사들이곤 했다. 어린이날이나 성탄절을 빌미로 갖고 싶은 모든 것을 사달라고 하는 철없는 어린아이와 같았다. 이럴 때면 곁에 선 아내는 그저 지나가는 사람들에게 이렇게 말할 뿐이었다.

"이 금발의 천사가 제 남편이랍니다."

천사같이 아름다운 천재가 폭력과 욕설을 일삼는 일상을 그녀는 냉정하게 받아들이지 못했다. 그녀는 술과 마약과 여자에 취한 예세닌의 광기를 현실로 받아들이기보다 오히려 천재성의 또 다른 이면으로 이해하려 했다. 아니, 어머니가 아들을 걱정하듯 연민의 정으로 바라보았던 것 같다. 이사도라는 지인들에게 이렇게 말하곤 했다.

"나는 그의 금빛 머리카락 한 올이라도 상처받는 것을 견딜 수가 없어. 아마 너는 그 공통점을 모르겠지? 그는 어린 패트릭의 모습이었어. 패트릭이 살아서 성장했다면 바로 이런 모습이었을 거라는 확신이 드는데 어떻게 그에게 상처를 입힐 수 있겠어?"

파괴와 상처 가운데 존재한 사랑이 언제까지 지속될 수 있을까. 덩컨과 예세닌의 사랑은 마치 그러한 화두에 대답을 구하는 사람들처럼 파괴와 상처를 반복하며 어렵게 유지되었다. 그러나 행운의 여신은 더 이상 그녀의 편이 아니었다. 유럽에서의 악몽과 같은 신혼여행을 견딘 후 자신의 고국인 미국으로 건너갔을 때 그곳에서 그녀를 기다리고 있던 것은 비난과 야유였다.

"공산주의자 이사도라! 볼셰비키의 창녀!"

"천 명이나 되는 남자들을 상대한 추잡한 무용수."

견디기 힘든 루머와 욕설이 들려왔다. 더구나 공연 중에 나체에 가깝게 맨살을 드러낸 의상으로 인해 언론은 더욱더 그녀를 천박한 댄서로 몰아갔다. 남편 세르게이 또한 미국에 적응하지 못했다. 러시아의 서정적 전원시인이자 혁명시인인 그는 자본주의의 도시인 뉴욕을 증오했다. 안 그래도 불안정한 성격의 소유자였던 그는 매일 술을 마셨다.

"썩어빠진 이 자본주의 도시에서 내 혁명 예술에 대한 영감이 사라지고 있다고!"

남편의 폭력과 술주정은 이사도라의 일상을 전쟁으로 만들었다. 그녀 역시 술에 망가지고 연습도 제대로 하지 못한 채 무대에 오르는 일이 잦아졌다. 결국 뉴욕 생활을 견디지 못하고 파리로 갔지만 거기서도 세르게이의 음주와 광기는 사라지지 않았다. 세르게이가 그리워하던 모스크바로 돌아가도 달라지는 것은 없었다. 오히려 처음 만났던 그 도시에서 두 사람은 파경을 맞았다. 2년간의 결혼생활은 끝이 났다. 세르게이의 광폭함을 천재성의 이면으로 미화하고 아들처럼 포용하려 했던 이사도라의 환상은 흔들리지 않는 잔인한 현실 앞에 무릎을 꿇었다. 집요하게 계속되는 상처에 사랑은 더 이상 남아 있을 수 없었다.

아들 패트릭에게 못 다한 사랑을 베풀듯 남편으로부터 상처를 받을망정 상처를 입힐 수 없다던, 너무 사랑해서 도저히 상처를 줄 수 없다던 사랑은 끝이 났다. 아들을 잃은 상처가 결국 그녀로 하여금 잘못된 선택을 하게 만든 셈이다. 상처는 또 다른 상처를 잉태하는 법이다. 상처에서 상처로 이어지는 톱니바퀴에서 빠져나온다는 것은 그리 쉽지 않다. 그래서 사람들은 트라우마가 주는 굴레 속에 주저앉아 괴로워하게 되는 것이리라.

파멸에 이르게 하는 슬픈 사랑

왜 내 몸의 일부가 노출되는 것을 조심해야 하지요? 그것이 무엇인가를 상징한다면 그것은 여성의 자유를 상징하는 것이며 청교도주의의 속박과 편협한 관습에서 해방되는 것을 의미합니다. 인간의 신체를 숨기는 것이 오히려 외설적인 것입니다. 내 몸은 내 예술의 성전입니다.

자신을 비난하는 미국의 대중들에게 당당하게 말하던 이사도라. 그러나 이미 그녀는 반짝이던 예전의 이사도라가 아니었다. 바람처럼 날아오르며 춤을 추기에는 살이 쪄버렸고, 예세닌과 함께하던 미국 공연 시기부터 심리적 불안과 술과 연습 부족으로 인해 그녀의 춤은 내리막길로 떨어지고 있었다.

사랑은 양면의 동전처럼 파괴력과 생명력을 함께 지니고 있다. 사랑은 봄 햇살과 같이 절망의 자리에 희망을 심고 죽은 영혼을 소생시켜 예술가의 영감을 되살린다. 그러나 때로 사랑은 엄청난 에너지와 관능의 즐거움으로 영혼을 유혹한 후 발목에 족쇄를 채워 뜨거운 불구덩이 속으로 우리를 밀어뜨린다. 그 족쇄가 녹아서 사라질 때까지 불구덩이는 우리의 심령을 찌르고 상처를 주며 평온한 일상을, 더 나아가 인생 전체를 삼켜버린다. 이사도라 덩컨에게는 세르게이와의 사랑이 그러했던 것이 아닐까. 마성의 아름다움에 취했을 때 이미 그녀의 영혼에는 세르게이라는 족쇄가 채워진 것이다. 이제 남은 것은 그 족쇄를 달고 불구덩이 속으로 떨어지는 일뿐. 맨발의 이사도라, 평생 자유와 아름다움을 추구한 그녀에게 사랑은 파괴의 칼날을 들이댄 셈이다.

니체의 철학에 심취되어 《차라투스트라는 이렇게 말했다》를 탐독하던, "나는 니체에게서 춤을 배웠다"던 젊은 시절의 이사도라는 이제 없었다. 유럽과 러시아를 돌며 춤의 혁명을 일으키고 젊은 지성인들을 열광시키던 이사도라는 사라졌다. 대신 살이 찌고 온갖 추문에 휩쓸린 채 돈도 떨어지고 늙어가는 전직 무용수만 남아 있었다.

1925년이 끝나갈 무렵, 세르게이 예세닌의 비보가 들려왔다. 그해 12월 28일 아침 상트페테르부르크의 앙글르테르 호텔에서 숨진 채로 발견됐다는 소식이었다. 세르게이는 붉고 따뜻한 핏빛 잉크로 〈잘 있거라〉라는 마지막 시를 남기고 호텔방 천장에 달린 난방용 파이프에 목을 맸다.

"그토록 사랑을 갈구했으나 결국 찾지 못했네, 사랑을 잃고 슬퍼했지만 그렇다고 사랑을 소중히 생각한 건 아니었네"라는 그의 시처럼 그는 사랑을 갈구했으나 사랑을 소중히 다루지 않았다.

"내 늙은 개는 죽은 지 오래…. 죽는 것이 아마 신이 내린 내 운명인가 보다."

이사도라 덩컨과 헤어진 후 그는 모스크바의 선술집에서 술에 취해 이렇게 울부짖었다. 그렇게 술집과 환락을 오가다 결국 세상을 등진 것이다.

그로부터 2년 후인 1927년의 가을 저녁, 이탈리아 청년 팔체토가 지붕 없는 스포츠카 부가티를 몰고 이사도라 덩컨의 집 앞에 섰다. 바람이 모든 것을 날려버릴 기세로 세차게 불어댔다. 새로운 사랑 앞에 바람마저 낭만으로 다가왔는지 이사도라는 차에 오르며 외쳤다.

"안녕! 영광을 찾아 떠나요!"

그녀는 새빨간 스카프를 목에 두르고 있었다. 길게 늘어진 스카프

자락이 바람에 휘날렸다. 마치 무대에서 하늘거리던 무용 의상처럼. 그녀는 화려했던 시절 무대에 오르는 그 순간처럼 설렜는지도 모른다. 무대 위에서 음악에 몸을 맡기듯, 바람에 몸을 맡기며 자유의 공기를 만끽하려 했다. 그러나 부가티가 세차게 달려 나가는 순간, 그녀의 스카프가 뒷바퀴 회전축에 걸려들어 목에 둘둘 말고 있던 스카프가 순식간에 그녀의 목을 조여왔다. 그녀는 자신의 삶이 그러했듯 드라마처럼 세상을 떠났다.

그녀의 말년은 그리 풍요롭거나 화려하지 못했지만, 구시대의 관습에 도전하며 아름다움과 자유의 춤을 외치던 그녀의 예술은 온갖 추문과 비극 속에서도 살아남았다. 예세닌은 이사도라에게 "당신의 춤은 당신과 함께 사라지지만 나의 시는 영원히 남을 것"이라고 야유를 던졌다는데, 비록 이사도라 덩컨의 춤을 지금은 직접 볼 수 없지만 그녀의 정신은 현대무용으로 이어졌다. 물론 예세닌의 시 역시 그의 죽음처럼 허망하게 사라지지 않고 지금까지 전해지고 있다.

술, 폭력, 마약, 여자들 사이를 오가며 끊임없이 자신의 몸과 마음을 괴롭히고 고통 속에서 자신의 영감과 시성을 붙잡으려 몸부림친 예세닌, 파란만장한 삶과 비극을 겪어낸 이사도라. 파란과 아픔으로 그렇게 자신의 인생이 파괴되어야만 예술이 잉태될 수 있는 것인지는 모르겠지만, 분명한 것은 고통 속에서 나온 예술과 창작작품이 사람들에게 감동과 위로를 주고 있다는 사실이다. 어쩌면 예술이란 자신의 인생을 태워 다른 이의 마음에 빛을 비추는 것이 아닌가 싶다. 그러니 그들 스스로 태워버린 삶에 열광하기보다는 그들이 남긴 예술을 사랑할 뿐이다.

　사랑을 찾지 못한 예세닌의 영혼은 죽어서라도 누군가의 품에서 안식을 취할 수 있었을까? 어머니 같은 아내의 품에서도 머물 수 없었던 방황의 별이 편히 잠들 만한 하늘은 없어 보인다. 어쩌면 별은 드넓은 하늘 어디에도 머무르지 않고 방황하기에 아름답게 반짝이는지도 모르겠다.

아무것도
난
후회하지 않아요

ʓ

프랑스 국민 가수 에디트 피아프의
마지막 결혼

많은 사람들이 청춘남녀의 애틋한 사랑 이야기에 박수를 보낸다. 거리에서 잘 어울리는 커플을 보거나 알콩달콩 예쁘게 살아가는 젊은 부부를 보면 흐뭇한 미소를 띤다. 나도 저럴 때가 있었지 하는 마음인 듯하다. 꼭 젊은 사람의 사랑 이야기가 아니더라도 나이 지긋한 중년의 부부가 서로 아껴주며 살아가는 것도 사람들이 좋아하는 사랑의 모습 중 하나다.

이렇게 양지식물처럼 축복받는 사랑이 있는가 하면 음지식물처럼 경계에 놓인 사랑도 있다. 박수와 응원보다는 의구심과 몰이해를 감수해야 하는 사랑. 사랑마저도 통념에 맞아야 축복받을 수 있는 것인지 보통과 통념에서 한참 벗어났다는 이유만으로 축복보다는 "진정한 사랑이 맞아?" 하는 물음표의 시선을 안고 가야 하는 사랑. 어쩌면 남다른 사랑의 운명은 "통념을 넘어서까지 사랑할 수 있어?"라며 두 사람을 시험하는 듯도 하다.

많은 사람들이 '지혜'라는 미명하에 통념을 넘어서기보다는 안전한 삶을 선택하지만 때로 어떤 이들은 모든 것을 넘어 서로 사랑하고 함께하는 삶을 선택하길 서슴지 않는다. 에디트 피아프 역시 그랬다. 어쩌면 에디트에게 다가온 마지막 사랑은 절대로 놓칠 수 없는 마지막 끈 같은 것이었는지도 모른다. 간절했기 때문에 통념 따위를 넘어서는 것은 아무것도 아니었는지도 모른다.

> 난 아무것도 후회하지 않아요.
> 나는 과거를 저주하지 않아요.
> 처음부터 다시 시작하는 거예요.
> 나의 인생도 나의 기쁨도
> 지금 당신과 함께 시작되는 것이니까요.

에디트의 마지막 히트곡인 〈아니, 난 후회하지 않아요(Non, Je ne regrette rien)〉의 노래가사처럼, 온 열정을 다해 사랑한 사람만이 후회하지 않는다고 말할 자격이 있으리라. 온전히 사랑하지 않았다면 후회할 자격조차 없다. 에디트 피아프의 노래가 그토록 호소력을 갖는 것은 그녀의 노래에 사랑과 삶의 희로애락이 그대로 녹아 있기 때문이다.

황폐해진 삶에 찾아온 마지막 사랑

시곗바늘을 거꾸로 돌려 에디트 피아프의 말년 이야기부터 해보자. 에디트는 일찍부터 화려한 명성을 누린 행운아였지만 알코올에 의지해 살아온 탓에 건강과 젊음을 오래 유지하지 못했다. 40대에 이미 머리가 빠지기 시작했고 지병을 앓아 노래조차 하기 힘들어지고 있었다.

"노래를 못하면 살아갈 수 없고, 죽음보다 외로움이 더 무섭다"고 입버릇처럼 말하던 에디트였기에 노래를 부르기조차 힘에 겨운 말년의 시간은 너무도 참혹했으리라. 나이에 비해 일찍 찾아온 쇠락이었기에 어쩌면 그녀는 그것이 말년이라는 것조차 몰랐을지 모르지만, 그때는 이미 얼마 남지 않은 촛불이 희미하게 타고 있던 시기였다. 인생은 의외로 너그러운 것인지, 그런 마지막 비극 무대에 빛나는 희망 하나를 던져주었다. 바로 그녀의 초라해진 머리를 만져주던 젊은 미용사와의 만남이었다.

1956년 첫 남편 자크와 이혼하고 혼자가 된 에디트는 더욱 술과 약물에 의존하게 되었다. 알코올 중독에 모르핀 중독까지 겹치다 보니 건강은 갈수록 악화되어 마흔이 갓 넘은 나이에 머리카락마저 빠지기 시작했다. 같은 샹송 가수였던 자크 필스가 4년 만에 결혼생활에 종지부를 찍은 것도 에디트의 그러한 불안정함이 큰 이유였다. 그는 샹송의 여왕인 에디트와 결혼하면서 자신의 인지도를 높이는 등 많은 덕을 보았음에도 반복적인 히스테리와 술과 약물로 얼룩져 결국 재활원 신세까지 져야 했던 그녀의 불안정한 생활을 견디지 못했다.

혼자 남은 에디트에게는 노래만이 구원이었지만 공연 중 쓰러지는 일이 잦아지고 일상생활조차 점점 힘들어졌다. 어느 겨울, 에디트가 폐렴으로 쓰러져 병원에 입원해 있을 때였다. 많은 사람들이 병문안을 다녀갔는데 하루는 말끔하게 생긴 20대의 청년이 찾아왔다. 그녀는 몇 개월 전에 그를 만난 적이 있었지만, 거래하는 에이전트가 집으로 찾아왔을 때 함께 와서 말없이 앉아 있기만 한 청년을 금세 기억해내지는 못했다. 병문안을 온 청년은 에디트에게— 처음 만났을 때처럼 조용하고 차분한 태도로— 작은 인형 하나를 내밀었다. 병문안 때 흔히 들고 오는 꽃다발 대신 인형이라는 뜻밖의 선물에 에디트는 조금 호기심을 느끼며 "내가 인형을 가지고 놀 나이는 아니잖아요?"라고 반문했다. 그러자 청년은 그 대답을 이미 생각이라도 해놓은 것처럼 이내 설명했다.

"마담, 이것은 평범한 인형이 아닙니다. 저의 고향인 그리스에서 만든 것인데 마담께 드리고 싶었어요."

그 후 청년은 매일같이 에디트를 찾아왔다. 그리고 언제나 따뜻하고 차분하고 온화한 말과 표정으로 그녀를 편안하게 해주었다. 조금씩 청년에게 상냥해지기 시작한 에디트가 하루는 그에게 무슨 일을 하느냐고 물었다. 청년은 자신의 직업을 밝히기가 조금 부끄러웠는지 머뭇거리다가 직접적인 대답 대신 이렇게 말했다.

"제가 당신의 머리를 손질해드릴 수 있다면 정말 기쁘겠습니다."

청년은 미용사였고 자신의 기술을 이용해서 에디트를 아름답게 꾸며주고 싶었다. 그러나 에디트의 머리는 이미 젊은 시절과 달리 듬성듬성 빠져버려서 어떤 미용기술로도 아름다운 모습을 연출하는 것은 어려워 보였다. 그럼에도 불구하고 에디트는 서서히 자신의 머리를 청년에게 맡기게 되었다. 청년은 때로 기력이 소진해 있는 에디트에게 책을 읽어주기도 했다.

퇴원 후에도 청년의 방문은 계속되었다. 사막과 같이 황폐해진 에디트의 삶에도 새로운 햇살이 들기 시작했다. 인생이 가끔 주는 기회, 그것을 잡을 것인지 흘려보낼 것인지는 전적으로 자신에게 달려 있으리라. 에디트는 인생의 불꽃이 거의 꺼져갈 무렵에 만난 마지막 사랑을 붙잡았다. 네 번의 교통사고, 어린 시절의 가난과 불행, 이혼과 거듭된 사랑의 실패, 마약과 알코올 중독으로 점철된 모든 굴곡을 뒤로 한 채 다시 시작한 사랑은 그녀에게 애정을 넘어 삶에 대한 의지와도 같은 것이었다.

Non! Je ne regrette rien!

〈아니, 난 후회하지 않아요〉는 에디트가 마지막 남편을 만나기 전에 발표한 곡으로, 그녀의 마지막 히트곡이기도 하다. 그 곡을 발표하기 전인 1959년, 에디트는 지방 순회공연을 가던 길에 교통사고를 당하여 갈빗대가 부러지는 큰 부상을 입었다. 그녀의 인생에서 네 번째 교통사고였다. 이미 쇠약해져가고 있는 시기에 당한 사고는 치명적이었다. 그러나 그녀는 갈빗대가 부러진 가슴에 깁스를 하고 진통을 위해 모르핀 주사를 맞으면서도 순회공연을 계속했다.

힘들게 지방 순회공연을 마치고 뒤이어 있을 올랭피아 극장 공연을 구상하고 있을 때 작곡가 뒤몽이 좋은 곡이 있다며 그녀를 찾아왔다. 그녀는 피아노를 치면서 불러보라고 말했다. 뒤몽이 건반을 누르며 노래를 부르기 시작하자 차갑게 식어가던 그녀의 가슴이 두근거렸다. 1960년 12월의 올랭피아 극장 공연에 에디트는 그 곡을 들고 나왔다.

> 난 아무것도 후회하지 않아요. 그 무엇도 후회하지 않아요.
> 사람들이 내게 불행을 주었든 행복을 주었든, 상관없어요.
> 내가 사랑했던 사람들도, 그들의 떨리는 음성들도
> 다 지워버렸어요. 처음부터 다시 시작할 거예요.
> 아무것도 후회하지 않아요. 나의 삶 나의 기쁨은
> 오늘 바로 그대와 함께 시작되니까요!

142cm의 작은 몸에서 뿜어져 나오는 거대한 에너지가 사람들을 매료시켰다. 가슴 저 깊은 바닥에서부터 끌어올리는 듯한 진한 울림이 듣는 이의 가슴에 그대로 공명되었다. 극한의 절망과 고독, 생명의 위협을 느낄 정도의 육체적 전락 가운데서 노래하는 희망이었기에 더욱 진한 감동이 있었다. 공연은 대성공이었고 에디트는 말년에

다시 한 번 국민 가수로서 자신의 존재감을 과시할 수 있었다.

에디트의 인생에는 많은 남자들이 있었다. 그녀는 소녀 시절 거리에서 노래를 하면서 푼돈에도 몸을 팔았고 17세 무렵에 낳은 아이가 수막염으로 죽었을 때는 장례를 치를 돈이 없어 다시 몸을 팔았다. 가수로 이름을 떨친 후에는 여섯 살 연하의 무명 가수였던 이브 몽땅을 만나 사랑에 빠졌고 물심양면으로 그를 도와 유명인으로 만들어 주었지만, 그 후 이브 몽땅은 에디트를 떠났다. 그녀의 대표적인 히트곡 〈장밋빛 인생〉은 이브 몽땅과 행복했던 시절에 에디트가 직접 작사한 노래이다. 그러나 다른 여배우, 가수들과 계속 스캔들을 일으키고 심지어 폭력을 휘둘러 에디트가 멍이 든 채로 무대에 오르게 했던 나쁜 남자 이브 몽땅과의 장밋빛 시절은 길지 못했다.

그녀에게 가장 큰 상처를 남긴 남자는 권투선수 마르셀 세르당이었다. 미국에서 만난 그는 이미 유부남이었지만 에디트는 "내가 진정으로 사랑한 남자는 마르셀뿐이었다"고 말한 적이 있을 만큼 그를 뜨겁게 사랑했다. 연인이 다칠까 봐 두려워 권투경기를 보지 못했을 정도였다. 그렇게 사랑한 남자는 34세의 나이에 비행기 추락사고로 태평양 한가운데서 영영 사라져버리고 만다. 그것도 에디트를 만나러 오던 길에.

마르셀을 잃은 후 슬픔에 빠져 있던 에디트가 돌파구로 선택한 첫 번째 결혼조차 파국으로 치달았다. 모든 것을 잃은 에디트에게 오직 노래밖에는 남아 있는 것이 없던 그 시절, 교통사고로 몸이 쇠약해질 대로 쇠약해지고 생명이 위태로우니 조심해야 한다는 의사의 경고까지 받았지만, 그녀는 무대에 올랐고 혼신의 힘을 다해 노래를 불렀다. 난 아무것도 후회하지 않아요, 그 무엇도 후회하지 않아요. 슬픔을 준 남자도 행복을 준 남자도 다 지웠어요. 그리고 다시 시작할 거예요… 라고.

결코 다시 시작할 수 없을 것 같은 때에 부른 희망의 노래. 그 노래가 그녀의 운명을 바꾼 것일까? 그로부터 1년 후, 고독과 질병으로 그늘진 그녀의 삶에 한줄기 봄 햇살이 비추기 시작했다. 새로운 사랑을 만나게 된 것이다. 그리고 자신이 노래한 것처럼 에디트는 과거 수많은 남자들과의 사랑과 이별의 상처를 묻고 마지막 남편이 될 사람과 새로운 삶을 다시 시작했다.

그 모든 것을 뒤로 한 마지막 선택이 그녀를 행복하게 해주었을까? 알 수 없지만 적어도 그녀는 안정을 찾을 수 있었고, 마지막까지 젊은 연인은 그녀의 곁을 지켰다. 그녀를 버리거나 외롭게 하거나, 때리거나 이용하거나 변심하거나 떠나거나, 사고로 죽어버리지 않았다. 진정 피할 수 있는 것을 피하지 않는 게 운명이라면 마지막 선택은 그녀의 인생에서 가장 친절한 운명이었던 듯하다.

당신의 남편으로 살고 싶어요

"진짜 꿈이 뭐야?"

에디트가 병원에서 알고 지내다가 급기야 자신의 집에서 함께 살게 된 젊은 연인 테오파니스 람보우스키에게 물었을 때 남자는 노래를 부르는 것이라고 대답했다. 에디트는 남자에게 말했다.

"그거라면 내가 이루어줄게!"

에디트는 자신의 곁을 지켜주는 남자를 위해 무엇이라도 해주고 싶었다. 꿈이 가수라면 그녀가 가장 잘 도와줄 수 있는 것이기에 더욱 기뻤다. 우선 그녀는 남자의 이름부터 바꾸자고 조언했다.

"지금 이름은 너무 길고 어려워. 테오 사라포가 어때? 기억하기 쉽고 뜻도 좋아."

사라포는 당신을 사랑한다는 뜻의 그리스 말이다. 그리스가 고향인 남자에게 딱 어울리는 이름이었다. 두 사람의 사랑이 무르익을 무렵의 어느 날, 청년은 에디트에게 말했다.

"나의 아내가 되어주세요. 당신의 남편으로 살고 싶어요."

에디트는 처음에 테오의 청혼을 받아들이지 않았지만 그의 진지하고 지속적인 구애에 결국 결혼을 결심한다. 통념을 넘어선 이 결합에 사람들은 의구심과 비난의 시선을 보냈다. 가수가 되고 싶어 하는 젊은 남자가 곧 죽을 유명 가수를 이용하고 있다는 것이었다. 그럼에도 두 사람은 결혼을 감행했고 테오는 가수가 되어 노래를 불렀다.

세상 사람들의 비난처럼 남자의 마음이 100퍼센트 순수한 것이 아닐 수도 있고 또 사람들의 예상과 달리 200퍼센트 순수한 마음이었을 수도 있다. 누가 알겠는가. 다만 에디트가 그 남자를 받아들이고 사랑했다는 것이 중요하다. 순수하지 못한 의도가 있었다 해도 있는 그대로 받아들인 것이다. 간절하게 함께하고 싶다면 완전하지 못한

모습이라도 받아들일 마음이 생기게 마련이니까. 물론 진심임을 확신했기에 마지막 결혼을 선택했으리라 생각되지만 말이다.

　두 사람은 서로 간절했고, 그 간절함은 세상의 통념이나 비난의 시선을 의식할 만큼 미지근하지 않았다. 그러나 안타깝게도 결혼생활은 길지 않았다. 처음 만났을 때부터 에디트는 이미 기력이 쇠할 대로 쇠해진 상태였기에 죽음은 이미 예견된 것이나 마찬가지였다. 그러나 사랑하는 남편이 함께 있어 마지막 1년은 외롭거나 쓸쓸하지 않았다. 그리고 가톨릭 신자였음에도 불구하고 이혼 경력이 문제가 되어 성당에서 장례를 치를 수 없었지만, 수만 명의 팬들이 장례식에 찾아와 그녀의 죽음을 슬퍼했다.

　에디트가 죽은 후에도 테오는 노래를 계속하다가 1970년 34세의 젊은 나이에 자동차 사고로 죽음을 맞이했다. 그가 죽은 후 한 가지 놀라운 사실이 공개되었다. 테오를 처음 만났을 때 에디트는 이미 술과 약, 치료비 등으로 무일푼이었을 뿐 아니라 빚더미에 올라 있었고, 오히려 테오가 노래를 부름으로써 돈을 벌 수 있었다는 것이다. 두 사람의 사랑의 진정성을 의심하던 세상 사람들에게 적절한 대답이 되었을 것이다.

사랑만이 구원이었다

　에디트 피아프의 본명은 '에디트 조반나 가시옹(Edith Giovanna

Gassion)'이었다. 삼류 가수였던 어머니는 아이를 제대로 양육하지 않았기에 에디트는 알코올 중독자인 외할머니의 손에 맡겨졌다. 학교는 다니지 못했고 극심한 영양실조로 성장이 멈추어 그녀는 평생 142cm의 작은 키로 살았다. 세계대전이 끝나고 돌아온 아버지는 곡예단에 딸을 데리고 가 잡일을 시키며 전국을 떠돌았다. 15세 무렵부터 그녀는 아버지로부터 독립하여 거리에서 노래를 부르며 생계를 유지했다. 그녀는 일찍감치 몸을 팔았다. 스무 살 무렵 잠시 카바레에서 노래를 부를 기회가 주어져 형편이 나아지기도 했지만(카바레에서는 말라깽이 그녀를 '참새'라는 뜻의 피아프라는 애칭으로 불렀다) 오래가지 못했고, 살인사건에 억울하게 연루되어 다시 거리의 가수가 되었다.

거리의 삼류 가수에게 새로운 기회를 준 것은 시인이자 작사가인 레몽 아소와의 만남이었다. 레몽은 그녀의 이름을 에디트 피아프라는 예명으로 온전하게 갖추어주었고, 거리가 아닌 무대에 설 수 있도록 해주었다. 또한 발성법과 악보를 보는 법, 무대 매너, 일반적인 교양 지식까지도 가르쳤다. 그리고 많은 문화계 인사들에게 에디트를 소개했다. 그러면서 가수로서의 그녀 인생에 조금씩 서광이 비추기 시작했다. 거리의 여자가 사람들의 박수를 받는 가수로 조금씩 성장할 수 있는 길이 열린 것이다. 온몸의 힘을 다 끌어내어 부르는 듯한 격정적인 창법도 이때부터 서서히 제대로 갖춰져갔다.

그러나 그녀의 노래가 많은 사람들에게 더욱 진한 감동을 주는 것은 노래에 담긴 진정성 때문이리라. 파란만장한 삶을 통해 온몸으로 겪은 희로애락이 그녀의 노래로 승화되었던 것이다.

푸른 하늘이 무너져 내리고 땅이 뒤집힌다고 해도
그런 것은 상관없어요, 그대가 날 사랑한다면.
당신이 날 사랑해준다면 세상이 어떻게 되어도 두렵지 않아요.
사랑이 밀려오는 동안,
내 몸이 당신의 팔 안에서 떨리는 동안에는
그런 건 아무 상관이 없어요.
당신이 원한다면 이 세상 끝까지 따라가겠어요.
신은 사랑하는 우리를 다시 맺어주실 거예요.

권투선수였던 연인 마르셀이 죽었을 때 에디트는 자신의 슬픔을
이와 같은 노래로 승화시켰다. 세계적인 샹송으로 지금까지 사랑을
받고 있는 〈사랑의 찬가(Hymne à l'amour)〉는 죽은 연인을 그리워하며
지은 노래였다.

마지막 연인이자 남편이었던 테오 사라포와 합장된 그녀의 무덤에
는 〈사랑의 찬가〉의 가사 일부인 "사랑하는 연인들을 신께서는 다시
맺어주실 거예요(Dieu reunit ceux qui s'aiment)"라는 글귀가 새겨진 비석
이 세워져 있다. 예술가들은 본능으로 아는 것일까. 사랑만이 구원이
라는 것을. 절정의 자기표현은 오직 사랑에 의해서만 영감으로 깨어
날 수 있다는 것을 말이다. 사랑의 상처와 기쁨은 오롯이 그녀의 예
술이 되어주었고 그 누구도 따라 할 수 없는 자신만의 음악 색깔을
만들어냈다.

III

버릴 수도 가질 수도 없는 사랑

예술에 대한 애정,

그건 우리들의 관계에서 가장 아름다운 것이었다.

사랑과 예술에
자신의 모든 것을
태워버린 삶

§

로댕을 사랑한 클로델과
클로델을 즐긴 로댕

부제목을 뭐라 할까 생각하다가 "…클로델을 '즐긴' 로댕"이라고 붙여버렸다. 로댕의 마음속을 들어갔다 나온 것도 아니고 두 사람 사이에 있었던 일들은 두 사람만이 알겠지만 로댕과 클로델의 이야기를 접하다 보면 작가적 냉정함은 잊어버리고 나도 모르게 아줌마 마인드가 되어 '로댕 나쁜 놈'이라고 생각하게 되곤 한다. 그만큼 로댕과 클로델의 사랑은 통속과 진실 사이를 오가는 흥미로운 소재다. 예전에 한 지인은 이런 말을 한 적이 있다.

"사랑하는 사람 사이에 누가 누구를 버린다는 게 말이 되나요? 그냥 마음이 변할 수도 있는 거지."

채무 관계도 아니고 계약 관계도 아니니 일방이 일방을 버렸다는 식으로 생각하는 게 편협하다고 말한다면 굳이 할 말은 없지만, 채무 관계도 아니고 계약 관계도 아니기에 오히려 더 신뢰가 중요한 것이 아닐까? 연인 관계에서도 분명 더 많이 상처 주는 쪽과 더 많이 상처받는 쪽이 있게 마련이고, 모두가 알고 있다시피 더 많이 믿고 사랑한 쪽이 언제나 약자의 입장이 되고 피해자가 된다. 그래서 언제부터인가 우리는 상처를 두려워한 나머지 더 많이 사랑하게 될까 봐 전전긍긍하고 자존심을 세우다가 정작 사랑 자체를 잃어버리게 된 것이 아닌가.

그런데 상처받을 것을 두려워하지도 않고 더 많이 사랑하게 될까 봐 머뭇거리지도, 자존심을 세우지도 않고 사랑에 자신의 모든 것을 걸어버린 여자가 바로 카미유 클로델이었다. 사랑이 깊어진 나머지 자신의 자아마저 상실해가는 그 아이러니한 과정을 어떻게 설명할 수 있을까. 사랑은 양날의 검처럼 위험해서 어느 순간 자기 자신을 찌르는 칼이 되기도 한다. 카미유 클로델은 그 칼로 자기 자신의 영혼과 인생을 찌른 셈이다. 카미유 클로델은 젊은 시절 로댕을 만나 사랑했다. 그리고 로댕과 헤어진 후 평생 로댕을 미워하고 원망하면서 살았다. 그녀는 일생을 로댕에게서 벗어나지 못하고 자아를 되찾지 못했다. 로댕 안에서 환희에 빠졌다가 로댕 안에서 무너져버린 것이다.

그녀가 남긴 한 장의 흑백사진이 있다. 노경의 여인이 카메라를 응시하고 있다. 말년의 카미유 클로델의 모습이다. 자신을 찍고 있다는 것을 아는지 모르는지 다소 무심한 표정이다. 얼핏 보면 빙그레 웃는 것처럼 착각할 정도로 빈 마음을 가진 표정. 두 손은 다소곳이 모으고 있고 치맛자락 안의 다리도 왠지 가지런히 모으고 있을 듯 얌전한 포즈로 앉아 있다. 격정과 분노와 그리움과 열정은 다 지나갔다. 그것을 내려놓기까지 그녀에게는 보통의 사람들보다 훨씬 더 많은 시간과 눈물이 필요했다.

천재적인 두 예술가의 만남

"너는 예술적 재능은 뛰어나지만 성정이 격하여 일을 그르칠까 봐 걱정이다. 속물처럼 가볍게 행동하지 말고 오랜 세월 인내를 갖고 겸허한 마음으로 예술가다운 진면목을 기르고 또 사람들에게 보일 수 있도록 노력하거라."

1883년 스승 부셰는 제자 카미유에게 이런 당부를 남기고는 유명 조각가 로댕에게 그녀를 맡긴 후 로마로 떠났다. 여자들은 미술학교에 다니는 것 자체가 불가능하게 여겨지던 시절 천재적인 재능을 타고난 카미유 클로델과 43세의 로댕은 그렇게 스승과 제자로 처음 만났다. 카미유는 어린 시절 앓았던 소아마비의 영향으로 다리가 불편했으나 몽환적인 눈빛과 번뜩이는 감각, 싱싱한 관능미가 넘치는 매력적인 젊은 여성이었고 로댕은 〈청동시대〉라는 작품을 만들 때 모델의 몸에 직접 주조를 한 것이 아니냐는 의혹을 샀을 정도로 신의 손이라 불리는 중년의 유명 조각가였다. 천재성과 관능에 대한 열정을 품고 있는 두 사람의 만남은 처음부터 사랑으로 발전할 수밖에 없

▌카미유 클로델과 로댕

는 운명을 잉태하고 있었는지도 모른다.

　부셰로부터 카미유를 소개받은 미술학교 교장 폴 뒤부아는 그녀의
작품을 보고 이렇게 물은 적이 있다.

　"로댕에게 사사를 받은 적이 있나?"

　만나기도 전부터 작품이 비슷하게 닮아 있었던 로댕과 카미유, 그
들의 영혼은 서로 이어져 있었던 것이 아닐까? 만난 적 없는 두 사람
의 작품이 타인의 눈에 비슷해 보일 정도로 말이다. 그런 두 남녀는
서로를 알아볼 수밖에 없었으리라. 또 그 알아봄이 이끌림으로 이어
지지 않을 수 없었으리라. 특히 카미유는 스승 부셰가 염려했듯 격정
에 휩싸이기 쉬운 성격이었던 듯하다. 로댕의 문하생이 된 카미유는
2년 후 로댕의 정식 조수가 되었다. 이미 두 사람 사이에 사랑의 불

길은 타오르고 있었다.

> 내가 그대의 손에 입을 맞추노라면 그대는 어느덧 나에게 활활
> 타오르는 기쁨을 준다오. 내 마음은 사랑의 광란 속에 항상 가까
> 이 머문다오. 내가 안고 있는 당신의 아름다운 육체 앞에 나는
> 두 무릎을 꿇는다오.

비록 스물네 살의 나이 차가 있었지만 두 사람에게 중요한 문제는
아니었을 것이다. 카미유는 그 어떤 동년배의 여자보다 로댕의 예술
혼과 감각을 이해하고 공유할 수 있는 여자였다.

두 사람 사이를 가로막는 존재는 다름 아닌 로댕의 조강지처였다.
작품의 영감을 위해서는 여자의 나체를 만져봐야 한다고 말할 정도
로 거침없고 여성 편력이 심한 로댕이었지만 그에게는 쉽게 버릴 수
없는 조강지처 로즈 뵈레가 있었다. 카미유가 세상에 태어나던 무렵
로댕과 로즈는 이미 연인 사이였다. 카미유가 자라서 소녀가 되고 성
인이 되어 로댕 앞에 나타날 때까지 로즈는 무명 시절의 가난한 로댕
과 마구간을 개조한 초라한 집에서 함께 살며 직접 생계를 꾸려나가
면서 로댕을 뒷바라지했다. 추운 겨울에도 모델을 쓸 돈이 없는 로댕
을 위해 기꺼이 추위를 감수하며 누드모델이 되어주던 헌신적인 여
자였다. 그리고 성공한 로댕의 화려한 여성 편력에도 불구하고 그의
곁을 떠나지 않았던 여자이다.

몸이 엉기고 작품도 엉기고

카미유는 수없이 로댕의 모델이 되었다. 단순히 모델이 되어주는 차원을 넘어 로댕의 작업에 대해 많은 이야기를 들려주었고, 로댕은 그녀의 이야기에 무척 귀를 기울였다. 천재성을 지닌 그녀가 남다른 통찰력과 감각을 가지고 하는 조언은 로댕의 영감을 자극하고 로댕이 보지 못하는 것을 볼 수 있도록 눈을 열어주었다. 로댕 자신도 그것을 잘 알고 있었기에 육체적으로나 예술적으로 카미유에게 의지하고 혼연일체가 될 수 있었다.

그러나 카미유는 그 이상을 원했다.

"로즈 뵈레와 헤어지고 나와 결혼해요. 당신도 그걸 원하잖아요? 그러지 않으면 당신을 떠나겠어요."

"로즈는 평생 나를 위해 살아온 여자야. 갑자기 어떻게 버리겠어? 조금만 더 기다려줘. 내가 진짜 사랑하는 사람은 바로 당신이야. 믿어줘."

"그런 막연한 말은 이제 믿을 수 없어요. 언제까지 기다리고만 있어야 해요?"

카미유는 더 이상 숨겨진 여자로 살기를 원치 않았고 당당하게 로댕의 여자가 되고 싶었다. 그러나 로댕은 젊은 시절부터 함께해온 로즈 뵈레를 버릴 수 없어 머뭇거리기만 할 뿐이었다. 카미유는 끈질기게 로댕에게 요구하여 마침내 1886년 로댕으로부터 "로즈 뵈레와 헤어지고 클로델과 결혼하겠다"는 서약서를 받아낼 수 있었다. 물론 그

서약은 쉽게 실현되지 않았지만 깊은 성적 탐닉과 예술적 교감에 뿌리를 둔 두 사람의 인연 또한 쉽게 끊어지지 않았다.

그러는 사이에 많은 작품들이 탄생했다. 카미유를 처음 만났을 당시에 로댕은 〈지옥의 문〉(1880~1917)을 작업 중이었는데, 사실 로댕은 1880년부터 죽을 때까지 〈지옥의 문〉을 고치고 또 고치면서 작업에 매달린 것으로 전해진다. 로댕의 대표작으로 유명한 〈생각하는 사람〉 역시 〈지옥의 문〉에 들어가는 무수한 인물상 중 하나일 정도로 〈지옥의 문〉은 여러 걸작들을 잉태한 예술의 문이기도 했다.

〈지옥의 문〉 작업으로 한창 고군분투 중일 때 만난 카미유는 로댕의 지옥에 대한 영감을 공유하며 함께 열정적으로 작업에 참여하고 조수의 역할을 했다. 때로는 직접 모델이 되기도 했다.

"카미유, 옷을 벗고 서봐. 그리고 거기에 엎드려."

"이렇게요?"

"아니, 조금 더 고개를 숙여. 다나이드야. 그리스 신화에 나오는. 고통에 절규하는 다나이드의 모습이란 말이야."

카미유는 기꺼이 로댕이 원하는 대로 엎드려 목을 깊이 숙이고 다나이드가 되었다. 로댕은 직접 다가와 카미유의 등과 허리와 목을 매만지며 원하는 포즈를 만들어갔다. 이처럼 〈지옥의 문〉에 들어갈 인물상으로 구상한 〈다나이드(Danaid)〉에는 카미유의 포즈가 담겨 있다.

그리스 신화에 나오는 다나이드는 채워지지 않는 독에 끊임없이 물을 채워야 하는 형벌을 받고 괴로워하는 인물이다. 카미유는 그 모

델을 설 때 자기 자신이 결코 가질 수 없는 로댕 때문에 다나이드처
럼 절규하게 되리라는 것을 조금은 예감하고 있었을까? 긴 머리카락
과 엎드린 자세, 그리고 드러난 매끄러운 등. 대리석으로 만들어진
이 여인은 카미유의 관능적인 아름다움을 그대로 담고 있다. 그것은
로댕의 눈에 비친 카미유의 몸이었다.

옷을 벗은 여성, 그 얼마나 위대한가! 마치 구름을 뚫고 빛을 비
추는 해와 같다. …모든 모델 안에는 자연이 그대로 존재한다.
보는 법을 아는 눈은 여기에서 자연을 발견하고 멀리까지 쫓아
간다. 바로 미지의 심연과 삶의 본질, 즉 아름다움을 넘어서는

우아함과 우아함을 넘어서는 세계다. 그러나 이는 언어를 초월해 있다.

카미유 역시 로댕을 통해 많은 영감을 받았다. 비록 로댕을 온전히 소유할 수 없는 상처가 항상 가슴속에 자리 잡고 있었지만 때때로 닥치는 외로움과 고독은 오히려 그녀의 영감을 더 풍성하게 만들었다. 1888년에 만들어진 카미유의 〈사쿤탈라(Sakuntala)〉는 살롱전에서 최고상의 영예를 얻으며 극찬을 받은 작품이다(사쿤탈라는 힌두교 신화에 등장하는 인물로, 마술에 걸려 눈이 멀고 말을 못하는 사쿤탈라가 남편과 재회하는 이야기가 전해진다). 테라코타인 이 작품은 앉아 있는 여자에게 남자가 무릎을 꿇은 채 여자의 허리를 끌어안고 있다. 여자 역시 남자에게 얼굴을 파묻으며 남자의 몸을 두 팔로 끌어안고 있다. 테라코타의 거친 표현에도 불구하고 두 몸으로 떨어져 있기를 아쉬워하는 두 남녀의 끈끈한 애착이 느껴지는 듯하다.

카미유는 〈사쿤탈라〉를 완성하기 위해 여러 날 작업에 몰두하며 수십 번 만들었다 부수기를 반복했다. 그녀는 로댕의 연인이기 전에 뛰어난 조각가였다. 그러나 조각가로서의 열정을 불태우기 전에 먼저 로댕을 사랑해버린 것이 그녀의 불행이었다.

선생님이 여기 있다고 믿어보려 옷을 다 벗고 잠이 들지만, 눈을 떠보면 현실은 더 이상 꿈과 같지 않아요.

1891년, 카미유는 쓸쓸하게 혼자서 이런 편지를 썼다. 로댕은 1888년에 카미유와 결혼하겠다는 서약서를 썼지만 약속은 계속해서 지켜지지 않은 채 여러 해가 흘렀다. 카미유는 발걸음이 뜸해진 로댕을 기다리며 혼자 잠드는 밤이 많았다. 그렇다고 두 사람의 관계가 완전히 끝난 것도 아니었다. 열정적으로 사랑하지도, 그렇다고 버리지도 않는 상태, 그것은 카미유를 더욱 절망케 했다.

이런 식으로 관계가 계속되는 동안 카미유는 수차례 임신을 했는데, 아이를 낳아서 입양을 시켰는지 낙태를 했는지는 알 수가 없다. 그리고 1892년에 다시 임신했을 때 카미유는 로댕의 건강한 아이를 낳기를 원했으나 불행하게도 유산되고 말았다. 그때도 로댕은 곁에 있어주지 않았다.

카미유는 아이를 잃은 슬픔과 상처, 혼자 내버려진 아픔, 그 모든 감정으로 인해 로댕에 대한 원망과 배신감이 극에 달했고, 더 이상은 로댕과 어떠한 정신적 육체적 관계도 갖길 원치 않았다. 그토록 뜨겁던 사랑은 어느새 차가운 미움으로 변해버렸다.

로댕 곁에 있었던 10년의 시간 동안 그녀는 수없이 많은 작품을 함께했지만 정작 그녀의 이름으로 남은 작품은 많지 않다. 모든 작품이 로댕의 이름을 달고 세상에 나왔다. 두 사람의 육체의 경계가 모호했듯 작업의 경계도 모호했다. 누가 누구에게 영감을 주었는지, 누가 누구의 작업을 도와준 것인지도 모호했다. 그녀의 몸처럼 그녀의 재능도 영감도 로댕의 것이 되어버렸는지도 몰랐다.

로댕이 나의 모든 것을 빼앗아 가려 해!

여자로서의 행복과 예술가로서의 자존감도 모두 잃어버린 카미유는 홀로서기를 결심한다. 로댕을 떠나기로 마음먹은 것이다. 온전히 가질 수 없다면 차라리 떠나야겠다고 생각했을까? 그러나 그때는 알지 못했다. 몸이 떠난다고 해서 마음까지 로댕으로부터 벗어날 수는 없다는 것을. 로댕은 이미 그녀의 영혼 깊숙한 곳에 뿌리를 내려 도저히 빼낼 수 없는 존재가 되었다는 것을 말이다. 로댕은 카미유의 자아가 있어야 할 자리를 밀어내고 그 자리를 차지한 또 하나의 카미유가 되어 있었다. 카미유는 자기 자신을 잃어버린 채 로댕의 카미유로만 존재했다.

> 나는 당신을 설득할 수 없고 나의 말들은 무력하구려. 나의 고통을 당신은 믿지 않으니 내가 물어도 당신은 그마저 의심하지요. 나는 오래전부터 더 이상 웃지 않으며, 더 이상 노래할 수도 없다오. 당신에 대한 불타는 내 사랑은 지극히 순결하오. 당신이 나에게 동정을 베푼다면 그대 자신도 보상을 받을 것이오.

로댕은 이런 편지를 카미유에게 보낸다. 마치 사랑의 신뢰를 배반한 것은 로댕이 아니라 카미유인 듯 로댕은 카미유에게 애걸하고 있다. 그러나 카미유는 홀로서기를 결심하고 작업에 몰두했다. 하지만 그녀는 가난했고 모델을 쓸 수도 없었으며 작품을 내놓아도 제대로 평가받지 못했다. 아무리 애를 써도 세상은 그녀를 로댕의 연인으로만 기억했다.

1894년, 벨기에 예술가협회 전시회에 작품을 출품했지만 작품에 대한 정당한 평가는커녕 로댕과의 스캔들만 입방아에 오르며 작가로서 카미유의 입지를 더 약화시켰을 뿐이다. 더구나 작품에 대해서 "스승의 것을 표절했다"는 의혹까지 받았다. 로댕과 카미유의 작품은 서로 닮아 있었는데 세상은 로댕에게 박수를 보내고 카미유에게는 표절이라는 낙인을 찍었다.

1898년, 카미유가 살롱전에 출품한 작품들이 전시 도중 도난을 당하는 일이 생긴다. 이를 로댕의 음모라고 오해한 카미유는 로댕을 맹렬히 비난하며 다시 결별을 선언하기도 했다. 그때까지만 해도 로댕은 조금이나마 카미유를 뒤에서 도운 것으로 보인다. 비평가들에게 그녀를 추천하기도 하고 약간의 돈을 보내주기도 했다. 그러나 카미유가 연인에게 배신당한 사람을 주제로 〈중년〉이라는 청동 작품을 만들려 했을 때는 정부에 압력을 넣어 완성하지 못하게 하기도 했다. 로댕의 이런 이중적인 태도는 카미유의 피해의식을 더욱 키웠다.

가장 무서운 것은 외부의 편견보다 스스로가 스스로를 믿지 못해서 생기는 불안과 편견이다. 한 사람을 사랑하다 헤어진 후 남은 정신적 흔적을 지운다는 것은 오랜 시간이 걸리는 힘겨운 일이다. 더구나 몸과 마음뿐만 아니라 '자기만의 세계'가 중요한 예술가가 자신의 모든 영감을 상대방의 예술작업에 바친 경우라면, 다시 자기 자신을 찾는 일은 훨씬 더 어려웠을 것이다. 이미 자기를 잃어버렸다는 불안이 그녀의 모든 자신감을 무너지게 했을 것이다. 카미유의 불안과 피해의식은 점점 과대망상, 피해망상으로 번져갔다. 세상으로부터의 몰인정, 비난, 외로움, 경제적 고충, 스스로에 대한 불안 등 심리적 굴곡들에 부딪힌 나머지 자기를 찾으려는 의지조차 놓쳐버렸다.

"로댕이 모든 것을 빼앗아 가려 해. 그가 내 몸에 독을 넣었어. 그가 내 작업실을 빼앗으려고 음모를 꾸미고 있어. 내가 가진 모든 것을 훔치려 한다고!"

로댕은 예술가로서 정점에 이르러 명성을 떨치고 있었고, 그럴수록 카미유는 여자로서도 예술가로서도 버림받은 자신의 처지에 절망해야 했다. 절망은 우울이 되고, 점점 분노가 되었다. 그녀는 자신의 작품들을 집어던지고 파괴했다. "로즈는 내 삶의 터전이오. 그녀를 외면할 수는 없어…"라는 로댕의 목소리는 계속해서 그녀를 "할퀴며 자라는 손톱"과도 같았다. "초인종은 울리지 않고 밤마다 조각상들이 깨어지며" 그녀를 덮치는 듯했다.

"이것도 로댕 거고, 저것도 로댕 거고! 다 가짜야, 가짜! 나는, 나는 어디로 간 거야?"

산산이 부서진 작품의 파편들이 작업실 바닥에 쌓여갔다. 그녀는 파편으로 가득한 방 한 귀퉁이에서 불도 켜지 않은 채 웅크리고 앉았다. 그날은 1913년 3월, 운명의 날이었다. 그녀는 정신병원으로 끌려가게 된다. 지옥의 문이 열린 것이다. 그러나 갑작스럽게 병원으로 들어간 그때만 해도 자신이 앞으로 30년 동안 그곳에서 나오지 못하리라고는 생각지 못했다.

"나를 내보내주세요. 나는 미치지 않았어요. 미치지 않았어요…."

정신질환에 대한 인식이 없던 그 시절에 인간 이하의 취급을 받는 30년의 수용생활 동안 카미유는 끊임없이 바깥세상으로 내보내달라고 간청했지만 받아들여지지 않았다. 심지어 몇몇 의사들이 가족들에게 카미유를 데리고 가도 좋다고 통보했지만 가족들은 카미유를 외면했다. 말년에 카미유는 남동생 폴에게 이런 편지를 남겼다.

> 내겐 건너지지 않는 바다 하나 너무 깊었다.
> 이제 혼자서 노를 저을 수 있겠다.
> 로댕이란 바다를 건널 수 있겠다.
> 꿈 하나를 깨는 데 일생이 걸렸구나.
> 나의 뇌수를 뽑아내던 잔혹한 그리움의 대롱,
> 맨발의 거리를 헤매도
> 바다는 끝내 내 발바닥 적셔주지 않았다.
> 배에 올라야 할 시간이다, 파도 위 바람처럼 가벼워지는구나.
> 너무 무거웠던 짐, 때가 되면 스스로 떠나지는 것을….

이것을 어떻게 정신병자가 쓴 것으로 생각할 수 있겠는가. 이제 카미유에게는 무거웠던 짐이 사라진 듯하다. 그녀가 마지막으로 남긴 흑백사진 속 일흔에 이른 할머니 카미유는 파도 위 바람처럼 가벼워진 듯 보인다. 스스로의 열정에 영혼을 다치고 상처를 부여잡고 어찌할 줄 몰라 방황하던 카미유는 정신병자로 낙인찍힌 채 30년을 살다가 갔다. 로댕이라는 남자를 만나 아낌없이 사랑하고 헌신했지만 끝내 온전히 받아주지 않은 남자에 대한 배신감과 피해의식에서 자기 자신을 죽여야만 했던 불행한 일생이었다.

말년의 로댕은 온갖 병과 치매에 시달렸다. 카미유가 정신병원에 끌려 들어가고 4년 즈음이 지난 1917년, 로댕은 77번째 생일을 지내고 며칠 후 병원에서 발작을 일으켜 세상을 떠났다. 그는 미친 사람처럼 외쳤다고 한다.

"난 신이다!"

담당 간호사는 퉁명스럽게 빈정거렸다.

"그래, 맞아. 당신은 신인데, 똥오줌 지리고 헛소리하며 죽어가는 신이야."

위대한 조각가는 이미 없었다. 지옥의 문 앞에서 고뇌하는 인간의 모습을 형상화한 〈생각하는 사람〉을 만든 로댕이었지만, 정작 자기 자신은 지옥의 문 앞에서 고뇌하는 인간이기보다 신이라고 외쳤으니, 젊은 시절의 사랑과 창작열은 죽음 앞에서 참으로 허무하고 힘없는 먼지와 같은 것이다.

1943년, 카미유 클로델이 정신병원에서 쓸쓸히 생을 마감한 후 10년 가까운 세월이 흐른 뒤에야 그녀의 첫 회고전이 열렸다. 그리고 오랜 시간이 흐르고 1980년대에 들어서서야 그녀의 작품에 대한 평가가 제대로 이루어졌다. 로댕의 연인이 아닌 카미유 클로델로서 말이다.

평생 한 사람만
사랑할 순 없나요?

⸹

실비아 플라스와
테드 휴즈의 잘못된 이별

실비아 플라스는 흔히 광기의 시인, 남성폭력적인 문화에 저항한 여류 시인으로 불린다. 2003년 기네스 팰트로 주연의 영화 〈실비아〉가 나오면서 국내에도 잘 알려져 있다. 큰 키에 금발머리, 지적인 이미지의 기네스 팰트로는 실제 실비아 플라스의 이미지를 가장 흡사하게 표현할 수 있는 배우가 아니었을까 싶다.

실비아 플라스가 더 유명해진 것은 31세의 젊은 나이에 자살로 생을 마감했기 때문이다. 특히 그녀의 자살에 남편의 불륜이 영향을 주었다는 사실이 알려지면서 당시 페미니스트들의 분노를 샀다. 실비아 사후, 남편 테드 휴즈가 강연장에 갔을 때 여성들이 몰려들어 침을 뱉었다는 이야기도 전해진다. 대학에 들어갈 때 이미 400편의 시를 썼을 정도로 재능이 뛰어났던 이 여류 작가는 왜 파국을 맞이했던 것일까?

흔히들 성격이 운명을 창조한다고 한다. 인정하고 싶진 않지만 살다 보면 가끔 그 말이 맞다는 생각이 들 때가 있다. 나 자신의 삶을 돌아보거나 다른 이의 삶을 지켜볼 때 우리네 삶에 벌어진 상황들은 피치 못할 우연에 의한 것도 있지만 우연으로 보이는 것조차 냉정한 시선으로 들여다보면 나 자신의 성격에 의해 비롯된 경우가 많기 때문이다. 단순히 외향적이냐 내향적이냐 하는 등의 성격이 아닌 내밀한 심리, 잠재의식, 과거의 트라우마, 유전적으로 물려받은 성향, 가정환경의 영향으로 형성된 정서 등을 뭉뚱그려 '성격'이라고 표현할 수 있다면 인생의 많은 부분이 그로부터 비롯되는 경우가 많다는 말이다.

실비아 플라스라는 여성의 불행을 본인의 성격 탓으로 돌리고자 하는 말은 아니다. 여성에 대한 모순된 인식과 억압된 편견 등이 한 여성의 자의식을 말살해간 시대적인 한계도 분명 있었다. 시대가 원하는 여성상이 아니라는 이유만으로 그녀는 죽을 때까지 세상과 불화하며 살아야 했으니까 말이다. 다만 인생에 불행이 닥쳤을 때 시에 대한 천재적인 재능을 갖고 있었음에도 불구하고 바짝바짝 타들어가는 자신의 신경을 이기지 못하고 두 아이를 남겨둔 채 자살해버린 그녀의 마지막 선택이 안타까울 뿐이다.

절정의 감정은 항상 위험하다. 절정의 행복도, 절정의 기쁨이나 신뢰도 거기서 깨어날 때 남겨진 현실을 인정할 수 없기에 오히려 위험한 것이다. 절정의 분노나 슬픔도 마찬가지다. 자신이 갖고 있는 자

존과 가치를 망각하게 만들기에 위험한 감정이다. 실비아에게 찾아
온 불행은 실비아로 하여금 자신이 얼마나 가치 있는 존재인지를 그
순간 망각하게 만들었던 것은 아닐까?

자유로운 영혼과 섬세한 감성의 만남

문학적 재능이 뛰어난 영국 청년 테드 휴즈와 발랄하고 당당한 24세
의 미국 아가씨가 파티에서 처음 만났다. 핸섬한 테드와 늘씬한 키
에 금발머리를 가진 실비아는 누가 봐도 어울리는 그림이었고, 누가
봐도 서로에게 끌렸으리라 짐작할 만한 커플이었다. 더구나 테드도

▌테드와 실비아

실비아도 시인 지망생으로서 번뜩이는 영감과 기지로 자신만의 특별한 아우라를 지니고 있었다. 자석처럼 서로에게 끌린 테드와 실비아는 4개월 만에 결혼에 골인했다.

여기까지만 보면 두 사람은 완벽한 커플임에 틀림없다. 그러나 완벽해 보이는 결합 뒤에는 불안의 요소가 도사리고 있었다. 문학적 재능만큼이나 자유분방하고 여자들과 잘 어울리는 테드 휴즈의 아내로 살기에 실비아 플라스는 자존감이 높고 예민한 감수성과 자신의 재능에 대한 꿈도 컸다.

또한 실비아에게는 트라우마가 있었다. 바로 어린 시절 겪었던 아버지의 죽음이었다. 대학 교수였던 아버지는 당뇨병 치료를 거부하다 끝내 생을 마감했다. 그런데 공교롭게도 실비아가 8세 때 서재에서 아버지의 죽음을 목격한 것이다. 아버지를 잃은 그녀는 어머니에게 집착했다.

"엄마, 엄마! 절대로 재혼을 하면 안 돼요. 나와 약속해요. 여기 서약서에 서명해줘요. 절대로 재혼하지 않겠다고!"

어머니는 희생적으로 아이들을 키워냈고 실비아 역시 명석한 두뇌로 열심히 공부하는 우등생이 되었다. 그러나 아버지의 죽음은 그녀의 영혼 깊숙한 곳에 커다란 상처를 남겼다. 그녀는 평생 세 번의 자살 시도를 하는데 두 번째는 21세 때였다. 《마드모아젤》이라는 잡지의 초청기자로 갔던 뉴욕에서 실망하여 우울증이 생긴 상태로 집에 돌아온 후, 하버드 작문 세미나에서 거절당한 소식을 듣고 나서 그녀는 수면제를 먹고 자살을 시도했다. 정신병동에서 전기충격 치료까지 받고 겨우 회복된 그녀는 그 후 스미스 대학으로 돌아왔다. 스미스 대학을 최우등으로 졸업한 뒤에는 영국 케임브리지로 유학을 떠났다. 그리고 거기서 운명적인 상대, 테드 휴즈를 만난 것이다.

삶 그 자체를 위해서는 살 수 없어

실비아는 결혼 후 테드의 작업을 적극적으로 돕고 타이핑까지 직접 해주면서 조수 역할을 마다하지 않았다. 영국의 젊은 시인 테드를 미국 문단에 알린 사람도 실비아 플라스였다. 테드는 결혼한 이듬해에 《빗속의 매(Hawk in the rain)》라는 시집이 큰 성공을 거두고 서머싯몸 상까지 받게 됨으로써 일찌감치 출세가도를 달렸다. 그해 7월, 실비아는 일기장에 이렇게 적었다.

> 나는 (버지니아 울프의 소설 《항해》에) 밑줄을 긋고 또 그었다. 반복해서 읽고 또 읽었다. 나는 울프보다 더 잘해내리라. 그 전에 아기를 갖지 않으리라. 나는 삶 그 자체를 위해서는 살 수 없다. 그보다는 흐르는 세월을 막아낼 언어를 위해 살리라. 시간 속에서 끊임없이 삶을 반복할 책과 단편들이 존재하게 될 때까지 내 인생을 살지 않으리라.

그러나 1960년 첫째 딸 프리다가 태어났고, 실비아는 첫 시집을 냈

지만 그다지 성공적이지 않았다. 그리고 1962년 1월, 둘째 아이 니콜라스가 태어났다. 아이가 둘이 되자 실비아는 더욱 육아에 매달려야 했다. 당시 육아는 전적으로 여자의 몫이었다. 그 무렵 그녀는 1년 전에 시작한 소설 《벨 자(The Bell Jar)》를 계속 쓰고 있었지만 언제나 아이들은 그녀의 집중에 방해가 되었다. 반면에 테드는 갈수록 유명해져서 방송국 일이며 강의며 정신없이 바빠진 데다 젊은 여성들에게 둘러싸여 즐거운 생활을 하고 있었다.

실비아는 점점 더 우울해져갔다. 시인으로서의 그녀의 자리는 영원히 만들 수 없을 것 같았다. 테드 휴즈의 누이는 실비아에 대해 이렇게 폄하하기도 했다.

"실비아는 가지고 있는 재능보다 야망이 더 크다."

실비아의 좌절과 테드의 성공은 서로를 서로에게 멀어지게 만들었다. 두 사람은 다투는 일이 잦아졌다.

"왜 이렇게 늦게 들어와? 도대체 누구와 있었어?"

"실비아, 하루 종일 강연과 모임이 있었잖아. 난 이제 막 알려지기 시작한 시인이야. 쉴 시간이 없어. 어서 나를 알려야지. 나 혼자만을 위해 이러는 게 아니잖아."

"나는? 당신은 그렇게 승승장구하는 동안 왜 나만 매일 집에서 아이들을 돌봐야 해? 오늘도 시 한 편도 쓰지 못했어. 나도 시를 쓰고 싶어!"

"그럼 쓰면 되잖아. 쓰라고!"

"어떻게? 아이들 둘을 데리고 어떻게? 집중할 수가 없어. 당신이 도와줘야 돼. 내가 당신에게 했듯이 나의 작업을 도와줘야 나도 할 수 있다고. 근데 당신은 나 같은 건 안중에도 없잖아. 당신은 자기밖에 몰라. 당신은 변했어, 변했다고! 혹시 다른 여자가 있는 거 아니야?"

"그만 좀 해, 제발!"

둘 사이는 점점 더 벌어졌다. 재능 못지않게 야망도 꿈도 컸던 실비아는 승승장구하는 남편에게서 오히려 소외감과 불안을 느꼈다. 테드 휴즈는 미남이어서 여성들에게 인기가 있었으며 그 자신도 여성을 좋아했다. 그것이 그녀의 불안을 부채질했다.

실비아의 불안이 현실로 드러나는 데는 그리 오랜 시간이 걸리지 않았다. 테드가 사귀고 있는 아씨아 위빌이라는 여자의 존재를 실비아가 알게 된 것이다. 1962년 가을, 삐걱거리던 실비아의 결혼생활은 파국을 맞게 된다. 실비아와 심하게 다툰 테드가 실비아와 아이들을 버려둔 채 아씨아에게 가버린 것이다. 혼자 남은 실비아는 작은 아파트로 이사한 후 지독한 고독 속에서 두 아이를 길러야 했다.

절망에 빠진 그녀 안에서는 오히려 엄청난 창작 에너지가 쏟아져 나왔다. 어쩌면 창작 에너지는 작가의 정신에 생긴 상처를 치유하려 꿈틀대는 백혈구와 같은 것이 아닐까? 절망이 클수록 정신은 맑아지고 감정을 느끼는 모든 감각이 놀라울 정도로 날카로워져서, 그 예민한 감각을 타고 눈부신 언어들이 창작되어 나오는 것이다. 실비아 역시 그러했다. 테드는 떠났고 여자로서 버려졌다는 절망과 남겨진 두 아이에 대한 양육의 부담, 앞으로의 인생에 대한 막연한 공포, 그 모든 것이 그녀의 신경을 갉아먹는 가운데 그녀 안의 깊은 내면 속에서 무수한 언어들이 샘솟아 나왔다.

위대한 작품 《아리엘(Ariel)》에 실리게 될 시들은 그렇게 창작되었다. 그녀는 한 달에 서른 편을 써냈고, 그것을 하나씩 다시 신중하게 다듬고 검토하여 순도 높은 언어들로 정제해나갔다. 누구도 그 초라한 아파트에서 어떤 일이 이루어지고 있는지 몰랐지만 그녀 자신은 알았다. 기적과 같은 한 달 동안 자신이 쓴 시들이 이전의 시들과는 다르다는 것을. 그녀의 시는 아픈 만큼 훌쩍 성장해 있었다. 그 무렵 그녀가 어머니에게 보낸 편지에는 이렇게 적고 있다.

저는 천재 작가예요. 제 안에는 굉장한 자질이 있어요. 엄마, 저는 요즘 제 생애 최고의 시들을 쓰고 있어요. 이 시들로 저는 유명해질 거예요….

실비아는 열한 살부터 시작해 평생 동안 일기를 썼는데, 그 일기가 끊긴 것이 테드가 나가버린 즈음이다. 1962년 가을 이후의 일기는 보이지 않는다. 일상 속의 모든 소상한 일들까지도 하루하루를 단편소설 쓰듯 정성을 기울이던 일기가 멈춘 것이다. 그때 그녀의 삶은 이미 멈추었던 것일까? 아이러니한 것은 일기 쓰기를 멈추듯 삶을 멈춰버린 그녀가 일기 대신에 놀라울 정도로 무서운 에너지를 가지고 시를 썼다는 사실이다.

세상에서 가장 깊은 암흑 속으로

그해 겨울은 무척 추웠다. 1962년에서 1963년으로 이어지는 그 겨울의 추위는 100년 만에 찾아온 혹한이라고들 했다. 그녀는 철저하게 고독했다. 젊은 시절 찬란하게 빛나던 사랑과 기쁨은 사라진 지 오래였다. 그녀에겐 또 다른 빛인 두 아이가 남아 있었지만 그녀의 여자로서의 불행을 모두 상쇄시켜 주지는 않았다. 소설 《벨 자》를 마무리하고 실비아 스스로 천재적이라고 말할 만큼 대단한 시들을 써냈지만 그녀의 상처는 치유될 수 없었다.

"아씨아가 테드의 아이를 가졌대."

이 소식에 그녀는 무너져 내렸다. 실비아는 아씨아의 얼굴을 알고 있었다. 아씨아는 실비아 부부가 미국에 가 있는 동안 부부의 집에 세 들어 살던 여자로 꽤 잘나가는 광고 카피라이터였다. 실비아는 테드와 아씨아가 함께 행복한 모습을 상상했다. 아씨아와 테드의 아이가 태어난다면 이젠 영원히 테드는 돌아오지 않으리라는 절망감이 밀려왔다.

그날은 2월 11일. 모질고 긴 겨울 추위가 지나고 조금만 더 참으면 따뜻한 봄이 올지 모르는데도 실비아는 봄을 기다리지 않았다. 실비아는 잠든 아이들의 방문에 테이프를 두르기 시작했다. 가스가 새어 들어가지 못하도록 하기 위해서였다. 그리고 주방으로 가서 가스 오븐 앞에 서서 한참을 내려다보았다. 만약 테드가 여전히 그녀의 곁에 있었다면 그와 아이들이 먹을 음식을 요리했을 오븐이었다. 오븐을 열었다. 깊고 어두운 터널 같은 오븐의 속이 보였다. 그녀는 허리를 굽히고 그 깊고 어두운 터널 속으로 자신의 머리를 들이밀었다. 그녀의 머릿속에 있는 숱한 행복과 불행의 기억들, 수많은 창작과 영감들, 우울과 슬픔들이 한순간에 사라져버렸다.

그녀는 죽기 며칠 전까지도 시를 썼다. 2월 5일에 쓴 〈가장자리〉라는 시를 보자.

여인은 완성되었다.
그녀의 죽은

육체는 성취의 미소를 띤다.
그리스적 필연성의 환상이

그녀가 걸친 토기의 소용돌이무늬 안으로 흐른다.
그녀의 맨발은

이렇게 말하는 듯하다.
우리가 여기까지 왔지만, 이젠 다 끝났다.

흰 뱀처럼, 죽은 아이마다 똬리를 틀었다.
지금은 텅 비어 있는

각자의 작은 우유 주전자에.
장미 꽃잎이 닫히듯이

그녀는 아이들을 다시 자기 몸속으로
집어넣었다.

정원이 완고해지고
밤에 피는 꽃의 달콤하고 깊은 개구부에서 향기가 흘러나올 때.

뼈로 만든 두건을 바라보며,
달은 슬퍼할 것이 없다.

그녀는 이런 일에 익숙하다.
그녀의 검은 옷은 탁탁 소리를 내며 질질 끌린다.

그녀는 자살로써 자신의 존재를 완성할 수 있었던 것일까? 자살은
자기 자신을 죽이는 살인이지만 그 심리 속에는 자신을 괴롭게 한 상
대에 대한 복수심이 깔려 있을 수 있다. 그녀는 자신을 죽임으로써
배신에 대해 복수하고 싶었는지도 모른다. 만약 그렇다면 그녀의 복
수는 결과적으로 상당히 영향력이 컸던 듯하다.

아씨아는 테드와 결혼하는 데 성공했지만 실비아를 죽인 불륜녀라
는 비난의 꼬리표를 달고 살아야 했다. 아씨아가 아무리 "내 잘못이

아니야"라고 말해도 사람들의 반응은 냉담했다. 강박증이 생긴 아씨아는 외출하기를 두려워했고, 심지어는 실비아의 환영을 본 듯 "저기 실비아가 있어"라고 말하며 불안에 떨곤 했다. 그리고 결국 실비아와 똑같은 방법으로, 즉 오븐에 머리를 집어넣어 자살하고 말았다. 실비아는 아이들 방에 가스가 들어가지 못하도록 테이프를 발랐지만 아씨아는 오히려 테드와의 사이에서 태어난 딸아이와의 동반 자살이었다.

1950, 60년대라는 시대는 실비아 플라스라는 여성을 담을 수 없었다. 여성은 착해야 하며 격한 감정을 표출하지 않는 것이 미덕이었고, 한 남자의 아내로 가정 안에서 행복을 찾는 것이 가장 아름다우며, 남편의 사회적 성공을 돕는 존재일 뿐 자기 자신의 꿈을 위해 사는 것을 아직 불편하게 여기던 시대였다. 여자들 스스로도 그렇게 믿었다. 그러나 다른 사람들과 똑같은 방식으로 생각하지 못하는 사람, 즉 실비아 플라스처럼 자기 자신의 꿈과 야망도 중요했던 여자들은 시대와의 불화를 본질적으로 안고 있었던 셈이다. 한 사람의 불행(불행인지 아닌지는 본인 판단의 몫이지만)을 시대적인 탓으로만 돌릴 수는 없겠지만 말이다.

아이러니하게도 어둠 속에 묻힐 뻔한 실비아의 작품이 주목을 받기 시작했다. 그녀의 이름이 알려진 건 전 남편 테드 휴즈의 영향이 컸다. 테드는 실비아가 절망 가운데 쓴 시를 모아 《아리엘》이라는 시집으로 편찬했고, 그 시집은 20세기 최고의 위대한 시집으로 평가받았다. 다만 테드는 자신에게 불리한 시들을 삭제해버리고 책을 냈다는 의혹과 비난을 사기도 했다.

실비아의 습작과 첫 번째 시집, 그리고 사후에 나온 《아리엘》을 모두 모은 《실비아 시 전집》은 1982년에 퓰리처상을 받았다. "끊임없이 삶을 반복할 책과 단편들이 존재하게 될 때까지 내 인생을 살지 않으리라" 다짐했던 실비아 플라스. 비록 그녀의 인생은 자살로 마감했지만 그녀의 작품은 끊임없이 삶을 반복하며 읽히는 고전이 되었으니 실비아의 다짐은 실현된 셈인지도 모르겠다.

너무 사랑하기에
총을 겨누다

$

시와 관능의 세계에서 뒤엉킨 두 남자,
랭보와 베를렌

2016년 11월 30일, 프랑스 파리에서 열린 크리스티 경매에 등장한 권총 하나가 43만 4500유로(약 5억 4000만 원)에 낙찰되었다. 이것은 예상가인 6만 유로보다 7배나 많은 금액이어서 사람들을 깜짝 놀라게 했다. 낙찰자는 현장에 나오지 않고 전화를 통해 입찰했는데, 끝내 본인의 신원에 대해서는 익명을 요구하여 알려지지 않았다. 도대체 어떤 권총이기에 이렇게 높은 금액으로 가져가려 한 것일까?

바로 1873년 프랑스 시인 폴 베를렌이 자신의 연인이자 천재적인 시인이었던 아르튀르 랭보를 쏜 구경 7mm 6연발 리볼버식 권총이다. 이 권총 사건 이후 폴 베를렌은 감옥에 갔고 랭보 역시 유랑하며 떠돌다 요절했다. 물론 폴 베를렌은 감옥 안에서 자신의 대표 시집을

▌ 프랑스 화가 팡탱 라투르의 <테이블 모퉁이>에 담긴
베를렌과 랭보의 모습(앞줄 왼쪽)

이루게 될 30여 편의 시를 썼으며 랭보 역시 고향으로 돌아가 자신을
대표하게 될 시들을 창작하게 된다.

재능의 발현과 인생의 행복이 비례한다면 다행스러운 일이겠지만
아이러니하게도 그 반대인 경우가 더 많은 듯하다. 재능이 빛날수록
불행의 그늘이 짙어진다. 아니, 불행의 그늘이 짙어질수록 재능이 빛
을 발하게 되는 것일까? 예술적 재능이라는 것은 고통과 슬픔 가운
데 더욱 번뜩이는 감각과 감성을 먹고 자라는 것이 아닌가 싶다.

폴 베를렌 역시 비슷한 생각을 한 모양이다. 그는 보들레르처럼 위대한 예술적 재능을 가지고도 불행한 인생을 살다 간 시인을 '저주받은 시인'이라고 불렀다. 보들레르는 "두렵고도 황홀한 인공 천국, 나는 그것을 통해 거대한 상상의 나래를 편다"라고 말했을 정도로 마약에 심취한 인물이었고, 대표작인 〈악의 꽃〉에서 마약의 황홀한 느낌을 묘사한 바 있다. 실제 아편 중독으로 금치산자 선고까지 받고 궁핍과 질병 가운데 죽어간 그의 인생은 그의 시처럼 성공적이지는 않았다.

폴 베를렌의 논리라면 남편의 불륜으로 괴로워하다 스스로 목숨을 끊은 실비아 플라스 역시 저주받은 시인일 것이다. 그렇다면 폴 베를렌과 그의 어린 연인이었던 아르튀르 랭보는 어떠했을까? 그들 역시 저주받은 시인이었을까?

시와 사랑을 갈망하다

1871년 여름, 17세의 아르튀르 랭보는 자기 인생의 큰 전환점이 될 편지 한 통을 준비하고 있었다. 그는 시에 대한 간절한 열정을 갖고 있었고 하루 빨리 재능을 인정받아 세상에 나가고 싶었다. 아니, 그보다 자신의 시 세계를 알아주는 누군가를 만나고 싶었다. 그래서 폴 베를렌이라는 파리 문학계의 유명인사에게 자신의 시를 동봉해서 보내기로 한 것이다.

"들라에! 이 시들을 적어줘."

랭보는 필체가 좋은 친구 들라에게 자신의 시 몇 편을 베껴 적도록 했다. 랭보는 베를렌에게 편지를 쓰기 전에 먼저 자신의 스승이자 멘토인 이장바르와 시인 드메니에게 자신의 시론을 피력하는 편지를 각각 보낸 바 있다. 랭보는 그 편지에서 "시인은 견자(見者, le voyant)가 되어야 하고 의식적으로 견자가 되어야 한다"라고 하면서 자신의 시를 동봉했는데, 기성세대인 그들은 랭보를 이해하지 못했다. 답답해진 랭보가 선택한 다음 대상이 바로 폴 베를렌이었다.

베를렌에게 편지를 부친 후 며칠이 지나도록 답장이 없자 초조해진 랭보는 다시 몇 편의 시를 추가하여 두 번째 편지를 보낸다. 그리고 얼마 후 베를렌으로부터 답장이 날아왔다. 떨리는 마음으로 편지 겉봉을 뜯자 그 안에는 이런 글이 적혀 있었다.

"위대한 영혼이여, 어서 오시오. 우리는 당신을 원하고, 당신을 기다리고 있소이다."

시인을 기다리는 시인이 있는 곳, 파리로 랭보는 떠났다. 베를렌은 가난하고 어린 소년 시인을 위해 모든 여비를 대주겠다고 했다. 베를렌의 초대를 받고 설레는 마음으로 파리를 향하는 랭보의 한 손에는 〈취한 배(Le Bateau Ivre)〉라는 시가 들려 있었다. 그것은 베를렌에게 자신의 재능을 보다 확실하게 보여주기 위한 작품으로 100행으로 된 산문시였다.

나는 무릎 꿇은 여자처럼 가만히 머물렀다.

나는 떠내려갔네. 내 옆을 덧없이 스쳐 가는 익사자들

난 보았네, 별처럼 떠 있는 섬을

이 끝도 없는 밤에 그대 잠들어 달아나는 건가?

오, 물결이여, 난 그대 무기력함에 잠겨

그 흔적 없애지 못하네.

그래, 난 너무 많은 눈물을 흘렸다.

새벽은 비통해 가슴을 에는 듯하다.

달은 잔혹하고 태양은 가혹하기만 하다.

쓰디쓴 사랑은 마비된 취기로 날 가득 채우네.

나의 선체는 산산이 조각나 버려라.

나는 바다로 가련다.

여름에 베를렌에게 편지를 썼던 랭보는 9월 말 폴 베를렌을 직접 만난다. 이 시를 움켜쥐고서 말이다. 〈취한 배〉는 폴 베를렌을 취하게 만들었다. 폴 베를렌의 눈앞에 젊고 아름다우며 천재적인 재능과 시인으로서의 열정에 불타는 한 영혼이 나타났다. 아르튀르 랭보! 폴 베를렌의 눈에 이 홍조를 띤 소년은 열 살이나 어린데도 불구하고 베를렌보다 더 당당하고 자신감에 넘쳐 보였다. 세상의 제도와 고정관념으로부터 자유로운, 젊음 특유의 저항을 내뿜고 있는 이 어린 천재는 베를렌에게 너무나 매력적이었다. 베를렌은 마치 첫사랑에 빠지듯 랭보에게 빠져들었다.

아버지의 사랑을 경험하지 못했으며, 혼자서 애를 키우느라 무뚝

뚝하고 차가운 어머니에게서 자란 랭보는 베를렌의 폭포수 같은 열정을 거부하지 않았다. 다소 괴팍한 면이 있으나 다정다감한 베를렌에게 랭보 역시 마음을 열었다. 급기야 두 사람의 끌림은 파격적인 동성애로 발전했다.

베를렌은 소년 시인을 문단에 데리고 다녔다. 랭보는 베를렌 덕분에 유명한 문인들과 교류하며 자신의 예술적 지평을 넓힐 수 있었다. 베를렌이 가진 충동적이고 본능을 탐닉하려는 욕구는 랭보와 만나면서 그 실체를 드러내 활활 타오르기 시작했다. 또한 사춘기 시절 학업을 중단하고 세 번이나 가출을 감행했을 정도로 남다른 감수성을 가진 데다 17세의 나이에 자신의 시론을 피력하는 편지를 유명 시인들에게 보냈을 정도로 당돌한 소년의 끼는 베를렌이라는 사람을 만나 파격의 모습을 빌어 발산되었다.

지옥에서 보낸 한 철

랭보와 베를렌의 인연은 단순한 만남에 그치지 않고 두 사람의 인생의 틀을 뒤흔들어 놓았다. 결혼한 지 얼마 되지 않은 아내와 아이까지 버려둔 채 베를렌은 랭보와 함께 유럽을 돌아다니는 방랑의 길에 오른다.

"너는 바람구두를 신은 사나이야!"

베를렌은 랭보에게 '바람구두를 신은 사나이'라는 별명을 붙여주었다. 랭보의 정신은 어디에도 정착하지 않는 바람 같았다. 언제나 미지의 세계를 찾아 기꺼이 떠나가는 랭보의 발에는 바람구두가 신겨져 있었다.

그 긴장감은 매력을 증폭시키기도 했지만 때로는 베를렌을 불안하게 만드는 요인이 되었던 모양이다. 또 베를렌 자신도 아내와 랭보 사이에서 갈팡질팡했다. 몇 번이나 랭보가 이별을 통고하며 두 사람 사이에는 갈등이 생긴다. 베를렌 또한 몇 차례 자살 소동을 벌이면서 랭보를 혼란스럽게 만들었다. 그러나 그들이 동성애와 아편과 독한 술 '압생트'에 빠져 혼미하던 방랑의 시간은 무려 2년 동안이나 이어졌다.

지쳐가던 베를렌은 마침내 아내에게 돌아갈 결심을 하고 벨기에의 수도 브뤼셀로 떠났다. 그러나 랭보는 포기하지 않고 그를 따라갔다. 아내를 그리워하면서도 랭보를 포기하기 힘들었던 베를렌은 다시 랭보와 함께한다. 그리고 운명의 날인 1873년 7월 10일, 두 사람은 브뤼셀의 한 호텔에서 심하게 다투었다.

"베를렌! 나는 파리로 돌아가겠어. 더 이상 이런 생활을 하고 싶지 않아. 방랑은 여기서 그만 끝이야."

"그럼 나는? 나는 어떻게 해?"

"당신은 가정으로 돌아가. 당신의 젊은 아내와 아이에게로."

"나를 버리겠다는 거야?"

"버린다는 게 아니야. 각자의 길로 돌아가자는 거지."

"누구 마음대로? 안 돼! 절대 안 돼!"

"당신의 그 자살 소동도 이젠 지긋지긋해. 난 나에게로 돌아가겠어!"

"너 때문에 아내와 아들을 버렸는데 네가 날 버린다고? 절대 못가!"

수차례 자살 소동을 벌인 베를렌이었지만 랭보는 더 이상 그런 베를렌에게 휘말리고 싶지 않았다. 그는 새로운 감흥과 영감의 샘솟음이 사라지고 타성이 자리 잡기 시작한 관계를 청산하길 원했다. 그러나 랭보와 아내 사이에서 갈팡질팡하면서도 랭보에 대한 집착 때문에 주저앉곤 하던 베를렌은 떠나겠다는 랭보를 순순히 보내줄 수 없었다. 이번에는 자살 소동이 아닌 타살 소동을 벌이려는 것이었을까, 술에 취한 베를렌은 갑자기 리볼버를 집어 들고 랭보를 노려보았다. 그리고 이렇게 소리쳤다.

"너를 위해, 나를 위해, 그리고 세상을 위해!"

탕, 탕!

믿을 수 없는 소리가 호텔방 안에 퍼지면서 세계 문학계에서 잊을 수 없는 일대 사건이 벌어졌다. 파리로 떠나겠다는 랭보를 가로막던 베를렌이 권총을 집어 들고 방아쇠를 당긴 것이다. 두 발의 탄알 중 하나가 랭보의 왼쪽 손목에 박혔다. 베를렌은 비명을 지르는 랭보를 데리고 병원에 가서 일차적인 치료를 받은 다음 다시 호텔로 돌아왔다. 거기서 상황이 일단락되는 듯도 했다.

그러나 손목에 부상까지 당한 랭보는 더는 베를렌과 있고 싶지 않았다. 랭보는 다시 파리로 떠나겠다며 일어섰다. 베를렌은 역까지

바래다주겠다고 따라나섰지만 다시 광분해서 소리를 질렀다. 베를렌이 쏜 실탄을 맞고 충격을 받은 랭보는 베를렌의 광분이 엄포로 끝나지 않을 수 있다는 것을 목격했기에 겁에 질려버렸다. 랭보는 주변을 두리번거리며 도움을 청할 사람을 찾다가 경찰을 발견하고 는 외쳤다.

"이 사람을 잡아주세요. 나를 죽이려고 해요!"

수염을 기른 장정 옆에서 겁에 질려 있는 미성년자의 모습이 경찰의 눈에 띄었다. 파리의 유명인사였던 폴 베를렌은 그렇게 경찰에게 붙잡혀, 훗날 랭보가 고소취하서를 제출했음에도 2년 징역형에 200프랑의 벌금형을 받고 복역하게 되었다.

정열적이고 낭만적이었던 사랑의 결말은 일상의 덫에 걸리거나 혹은 파국으로 치닫고야 마는 것일까? 두 사람의 인연은 그렇게 결론을 맺게 되었다. 2년간의 밀회와 방랑도 거기서 끝이 났다. 결국 손목의 총상과 가슴의 상처를 안고 랭보는 고향으로 돌아갔다.

그러나 시인에게는 아픔도 상처도 시가 되는 법이다. 랭보의 가슴에서는 그 어느 때보다도 시를 쓰겠다는 열의가 끓어올랐다. 파릇파릇 돋아난 새순이 무르익으면 짙푸른 녹음이 되듯이, 독에 물이 차면 넘쳐흐르듯이, 가슴에 온갖 격정과 감정을 가득 채운 시인이 그것을 쏟아내고자 하는 것은 지극히 자연스러운 본능이다. 베를렌과 보낸 2년의 시간은 숨을 들이마시듯 그의 내부로 흡입되었다가 심장을 거쳐 곰삭아진 후 토해져 나왔다.

예전에, 내 기억이 정확하다면, 나의 삶은 모든 사람들에게
가슴을 열고 온갖 술이 흐르는 축제였다.

어느 날 저녁, 나는 무릎에 아름다움을 앉혔다. 그런데
가만히 보니 그녀는 맛이 썼다. 그래서 욕설을 퍼부어주었다.

나는 정의에 대항했다.

나는 도망쳤다. 오 마녀들이여, 오 비참이여, 오 증오여,
내 보물은 바로 너희들에게 맡겨졌다.

나는 마침내 나의 정신 속에서 인간적 희망을 온통 사라지게 만
들었다.

인간적 희망의 목을 조르는 완전한 기쁨에 겨워,
나는 사나운 짐승처럼 음험하게 날뛰었다···

나는 재앙을 불러들였고, 그리하여 모래와 피로 숨이 막혔다.
불행은 나의 신이었다.

나는 진창 속에 길게 쓰러졌다. 나는 범죄의 공기에 몸을 말렸다.
그리고는 광적으로 못된 곡예를 했다···

그런데, 아주 최근에 하마터면 마지막 '꾸악' 소리를 낼 뻔했을 때,
나는 옛 축제의 열쇠를 찾으려고 마음먹었다··· 자비가 그 열쇠
이다.

그토록 멋진 양귀비꽃으로 나에게 화관을 씌워준 악마가 소리
지른다.

"너의 모든 욕구들, 너의 이기심, 그리고 너의 큰 죄업들로 죽음
을 얻어라."

아! 나는 그것을 실컷 맞이했다. 하지만, 친애하는 사탄이여, 간청하노니,

눈동자에서 화를 거두시라!

하여 나는 뒤늦게 몇몇 하찮은 비열한 짓을 기다리면서, 글쟁이에게서

묘사하거나 훈계하는 역량의 부재를 사랑하는 당신을 위해,

내 악마에 들린 자의 수첩에서 이 흉측스러운 몇 장을 뜯어내 덧붙인다.

〈지옥에서 보낸 한 철〉의 서시이다. 이 서시 이후로 〈나쁜 혈통〉, 〈지옥의 밤〉 등 〈지옥에서 보낸 한 철〉의 본론에 해당하는 시들이 이어진다. 문단을 깜짝 놀라게 했던 브뤼셀 권총 사건 이후 두 사람의 인연은 실질적으로 끝이 났다.

두 방랑자, 각자에게 남은 여행을 떠나다

베를렌과의 만남을 〈지옥에서 보낸 한 철〉로 정리한 랭보는 이번에는 다른 시인과 런던 등에 머물면서 《채색판화집》에 들어가게 되는 대부분의 시를 썼다. 그는 이제 겨우 20세였다. 감옥에서 가톨릭으로 개종한 베를렌이 출소 후 랭보를 찾아와 신앙을 갖기를 권했지만 랭보에게는 전혀 설득력이 없었다. 랭보는 안주하기를 원치 않았

고 어쩌면 축제를 벌이듯 이 세상에서의 인생을 '지옥에서의 한 철'로 받아들이고 있는 듯했다.

랭보는 《채색판화집》 원고를 완성한 이후 시의 세계를 떠나 전혀 다른 삶을 살았다. 유럽 전역은 물론 중동, 자바 등지를 전전하면서 노동자, 용병, 건축 감독 등으로 일하기도 하고 말년에는 무기 거래를 하며 상인으로 변신하기도 했다. 그의 방랑벽은 시 창작에서도 일상에서도 계속해서 그를 바람구두를 신은 사나이로 살게 만들었다.

아르튀르 랭보는 베를렌이 지어준 별명처럼 평생 안주하지 않았다. 그 자신도 일찍이 〈나의 방랑생활〉이라는 시에서 표현했듯이 그는 "평생 터진 주머니에 손을 집어넣고 쏘다니듯 살았고, 하늘 아래로 나아가며 수많은 사랑을 꿈꾸며 인생의 길가에 앉아 별들의 살랑거림에 귀를 기울였다. 단벌 바지에 커다란 구멍이 난 채로, 터진 구두의 끈을 리라 타듯 잡아당기면서" 말이다.

1891년, 37세의 랭보에게 병이 찾아왔다. 어쩌면 이 방랑자에게 가장 필요한 다리에 극심한 통증이 온 것이다. 통증이 심해지고 다리가 퉁퉁 부어오르자 들것에 실린 채 아라비아 반도의 아덴으로 갔지만 그곳에서도 병을 고칠 수는 없었다. 결국 고국의 병원으로 돌아왔으나 한쪽 다리를 절단해야 했다. 그럼에도 불구하고 암세포는 전신으로 퍼져나갔다. 그해 11월, 여전히 젊은 천재 아르튀르 랭보는 지옥에서 보낸 한 철과 같은 삶의 끝을 마주하게 되었다. 그리고 그는 자신의 마지막 시집인 《채색판화집》이 이미 출판되었을 뿐만 아니라 격찬을 받고 있음을 알지 못한 채 죽었다.

랭보와 이별 후 베를렌은 어떤 삶을 살았을까? 랭보와의 만남과 이별은 랭보뿐만 아니라 베를렌의 영혼과 삶에도 엄청난 영향을 끼친 것만은 분명하다. 복역 중에 아내로부터 이혼까지 당한 베를렌은 가톨릭으로 개종하였고 그 이후 스스로의 삶을 참회하며 많은 시를 썼다. 이러한 참회의 마음을 담은 시들은 그의 대표 시집인 《예지(叡智, Sagesse)》(1881)에 실렸다. 국내에 〈하늘은 지붕 너머로〉란 제목으로 알려진 다음과 같은 시도 그중 하나이다.

하늘은 지붕 너머로
저렇듯 푸르고 고요한데
지붕 너머로 잎사귀를
일렁이는 종려나무

하늘 가운데 보이는 종
부드럽게 우는데
나무 위에 슬피
우짖는 새 한 마리

아하, 삶은 저기 저렇게
단순하고 평온하게 있는 것을
시가지에서 들려오는
저 평화로운 웅성거림

뭘 했니? 여기 이렇게 있는 너는
울고만 있는 너는
말해봐, 뭘 했니? 여기 이렇게 있는 너는
네 젊음을 가지고 뭘 했니?

"삶은 저기 저렇게 단순하고 평온하게 있는 것을… 울고 있는 너는 네 젊음을 가지고 뭘 했니?" 하고 묻는 모습에서 베를렌의 달라진 심경을 엿볼 수 있다.

그러나 타고난 기질이나 운명은 어쩔 수 없는 것인지, 깊은 참회에도 불구하고 베를렌은 한때 시골 사립중학교의 교사가 되었다가 제자와의 추문에 술주정까지 문제가 되어 면직당했다. 비록 《예지》를 비롯해 여러 시집을 내고 또 문학가들에게 '시인의 왕'이란 호칭을 받을 정도로 큰 영광을 누렸지만, 그는 랭보가 이미 세상을 떠나고 여러 해가 지난 1896년 1월에 가난과 병마와 싸우다가 죽어갔다. 베를렌 자신 역시 어쩌면 그가 말한 '저주받은 시인'이었던 것이다.

세상에서 가장
이기적인 남자를
사랑하다

⟨

천재 화가 프리다 칼로와
디아고의 불편한 동행

　화가들이 자화상을 그리는 이유는 다양하다. 모델비가 없어서 혹은 후원자를 구하기 위한 그림을 그리기 위해 자화상을 종종 그린다. 빈센트 반 고흐 역시 가난해서 모델을 구할 수 없어 자신의 얼굴을 화폭에 담았다. 자신의 얼굴을 그린 만큼 섬세한 표정이나 내면의 은밀한 심리까지 잡아낼 수 있었다.

　또 다른 이유로 자화상을 그린 화가가 있다. 여러 작업 중의 하나로서가 아니라 주된 작업으로 평생토록 자신의 얼굴을 끊임없이 그린 화가. 바로 멕시코의 프리다 칼로이다. 그의 자화상은 일단 한 번이라도 보게 되면 절대로 잊을 수가 없다. 아름답고 우아하고 평화로운 정신세계를 지향하는 사람이라면 그녀의 자화상을 보고 섬찟하고 불편한 어떤 정서를 느끼게 될지도 모른다.

우선 인상착의부터 평범하지가 않다. 미간까지 덮은 굵고 시커먼 눈썹, 화가 난 듯한 표정, 투박한 입술. 게다가 종종 화폭 속의 여자는 눈물을 흘리거나 붉은 피를 뚝뚝 떨어뜨리고 있다. 인생이 줄 수 있는 온갖 불행을 홀로 짊어지고 있는 것처럼 침울하고 우울하고 칙칙하다. 온몸에 화살을 맞고 피를 흘리고 있는 사슴의 몸통 위에 화가 자신의 얼굴을 그려 넣기도 하고, 자신의 양쪽 유방 사이에 목부터 자궁까지 관통하는 기둥을 박아 넣은 그림도 있다.

프리다 자신이 말하듯이 그녀의 그림들은 고통에 관한 이야기를 담고 있다. 프리다는 죽기 직전인 1953년에 이렇게 적었다.

내 그림들은 고통에 관한 이야기를 담고 있다. 적어도 몇 사람은 이 부분에 관심을 가져주리라 생각한다.

프리다 칼로는 왜 이렇게 고통의 표정만을 그리게 되었을까?

고통을 그린 화가 프리다

프리다 칼로는 1907년 멕시코의 코요아칸에서 유태계 독일인 아버지 빌헬름 칼로와 스페인과 인디오 혼혈계인 어머니 마틸데 칼데론 사이에서 태어났다. 프리다는 여섯 살 때 소아마비를 앓아 오른쪽 다리가 불편했지만 밝고 강한 소녀로 자라났다. 프리다 칼로가 훗날 겪게 될 고통에 비하면 이때는 그래도 평화로운 시절이라 부를 수 있다.

1925년, 아직 스무 살도 채 되지 않은 프리다는 훗날 스스로 '첫 번째 대형사고'라고 부르게 되는 불의의 사고를 만난다. 여름이 끝나갈 무렵, 거리에는 햇살이 반짝이고 산들바람이 불어오는 상쾌한 가을 날이었다. 그녀 곁에는 사랑하는 약혼자 알레한드로가 있었고, 두 사람은 행복한 시간을 보내고 집으로 돌아가는 길이었다.

나는 약혼자 알레한드로와 함께 버스에 탔다. 잠시 후 우리가 탄 버스는 기차와 충돌했다. 묘한 충돌이었다. 소리 없이 일어난 사고는 버스 안의 모든 승객을 질질 끌고 다녔다. 특히 나를.

모든 운명은 우연처럼 일어난다. 그날 프리다가 원래 탔던 것은 사고 버스의 앞에 도착한 버스였다. 그러나 양산을 잊어버린 것을 알고 버스에서 내린 후 결국 사고 버스를 타게 된 것이다. 버스는 기차에 부딪혀 질질 끌려다니다가 휘어지더니 두 동강이 나버렸다. 승객들이 사방으로 튀어 오르고 투우사의 칼이 투우를 찌르듯 버스 안의 손잡이 철봉이 프리다의 몸을 관통했다. 철봉은 프리다의 등을 뚫고 들어가 왼쪽 둔부를 거쳐 자궁을 관통하고 있었다. 사람들이 응급처치를 위해 철봉을 뽑아내는 순간 그녀는 온몸을 찢는 고통 속에서 급하게 달려오는 앰뷸런스의 사이렌 소리를 덮어버릴 만큼 격렬하게 울부짖었다.

제 3, 4 요추 골절, 골반 뼈 골절, 오른발 열한 군데 골절, 왼 팔꿈치 골절, 복부에 깊은 상처, 심한 복막염, 자궁 파열…. 이날의 사고로 인해 그녀는 평생 후유증과 반복되는 수십 번의 수술과 마지막에는 괴저병으로 다리를 절단하는 등 한순간도 육체의 고통으로부터 벗어날 수 없게 되었다.

우리가 나눈 가장 아름다운 것

평생을 고통 속에 몰아넣은 교통사고 외에 그녀의 인생을 송두리째 좌지우지할 또 한 번의 사건이 있었다. 그녀 스스로 '두 번째 대형사고'라 명명한 사건이다. 교통사고가 프리다 칼로의 몸을 평생 동안 가두는 감옥이 되었다면 이 두 번째 대형사고는 그녀의 영혼을 평생 동안 쥐고 흔들었다. 바로 디에고 리베라라는 남자와의 만남이었다.

1929년, 22세의 프리다는 사람들이 붐비고 소란스러운, 대화와 음악과 담배연기로 가득 찬 저녁모임에서 일생에 걸쳐 가장 중요한 남자 디에고 리베라를 만났다. 남자는 한눈에 보기에도 평범하지 않았다. 엄청난 거구인데도 전혀 둔해 보이지 않고 행동이 민첩했으며 예술적인 분위기를 풍기며 사람들의 시선을 사로잡고 있었다. 그 남자 주변에는 많은 사람들이 몰려들었다. 남자는 갑자기 권총으로 전축을 겨누더니 방아쇠를 당겼다. 사람들은 깜짝 놀랐지만 이내 환호하며 남자의 주변으로 다시 몰려들었다. 그는 자신이 머물던 유럽의 정황을 이야기하며 입담을 자랑하더니 아폴리네르의 시를 읊기도 했다. 그러한 모습은 프리다 칼로에게 강한 인상을 남겼다.

얼마 후 프리다 칼로는 디에고 리베라를 찾아갔다. 당시에 그는 멕시코를 대표하는 예술가로, 문교부 청사의 대형 벽화 프로젝트를 진행하고 있었다. 그녀가 찾아갔을 때 디에고는 사다리 위에 앉아 담배를 문 채 작업을 하고 있었다. 그녀는 디에고를 향해 내려와달라고 여러 번 소리쳤다. 그리고 디에고에게 말했다.

"제 얘기를 잘 들어주세요. 저는 칭찬이나 듣기 좋은 말을 원해서 온 게 아니에요. 솔직하고 예리한 의견을 듣고 싶어요. 나의 그림에 대해서 말이죠."

사다리에서 천천히 내려온 디에고가 프리다의 그림을 주의 깊게 들여다보더니 이렇게 말했다.

"계속 그려봐요. 당신의 불타는 의지는 머지않아 진정한 자기표현을 하도록 이끌어줄 것이오."

프리다는 눈을 반짝이며 디에고를 똑바로 쳐다보았다. 디에고는 프리다를 훑어보더니 다시 말했다.

"다른 그림도 있소?"

"네. 하지만 다 가지고 오기가 힘들어서 이것만 갖고 왔어요. 저는 런던가 127번지에 사는데 혹시 다음 주에 저희 집에 와서 봐주실 수 있나요?"

"좋소. 가보리다."

멕시코 최고의 유명인이자 성공가도를 달리고 있는 화가가 아직 이름도 없는 여자의 그림을 보러 오겠다는 약속을 한 것이다. 그리고 그는 약속대로 여자를 찾아왔다. 만약 디에고가 그 약속을 대수롭지 않게 여기고 찾아가지 않았다면, 어쩌면 프리다는 평생토록 그녀 자신의 영혼을 가두게 될 운명적인 사랑에 빠지지 않았을 것이다.

두 사람은 스무 살이 넘는 나이 차이를 넘어 서로가 서로를 알아보는 예술가적 감각으로 상대에게 빠져들었다.

서로 다른 의식의 공감, 상대방의 작업에 보여주는 애정 어린 관심의 눈길, 서로의 믿음, 그리고 비평적인 감각은 우리가 함께 나눈 가장 아름다운 것이었다고 생각한다. 예술에 대한 애정, 그건 우리들의 관계에서 가장 아름다운 것이었다.

프리다는 사랑의 힘으로 점점 더 작업에 몰입해갈 수 있었다. 그녀의 몸은 정상적인 상태가 아니었기에 작업을 할 때는 철로 된 코르셋을 입고 앉아야 했지만 그런 고통이 그녀의 예술에 대한 열정을 막을 수는 없었다. 처음 교통사고를 당해 온몸에 깁스를 하고 1년 가까이 누워만 있어야 했던 시간에 비하면 깁스를 하고서라도 그림을 그릴 수 있다는 것만으로도 너무나 감사하고 다행스러운 일이었다.

그렇게 누워 있을 때 그녀의 부모는 천장에 거울을 달고 침대에 누운 채로 그림을 그릴 수 있도록 이젤을 설치해주었다. 프리다는 거울에 비친 자신의 처참한 모습을 관찰하며 그림을 그리기 시작했고, 그것이 그녀가 본격적으로 자화상을 그리기 시작한 계기였다. 그러나

▌프리다 칼로와 디에고(오른쪽)

미술 교육을 제대로 받아본 적이 없는 프리다는 화가가 되겠다는 꿈
을 확신할 수 없었다. 자신이 할 수 있는 일은 그림밖에 없을 것 같았
지만 그것마저 자신이 서지 않았다.

그렇게 불안해하던 프리다에게서 예술적 재능을 발견하고 자신감
을 불어넣어준 것은 디에고였다. 디에고는 프리다에게 연인이자 스
승이었으며, 예술적 우정을 나누는 친구이자 평생토록 엄청난 의료
비를 부담해줄 보호자이기도 했다. 그리고 그 모든 것을 넘어 프리다
에게 모든 것이 되었다.

사랑하지만 소유할 수는 없어

　두 사람의 사랑이 뜨거운 것임은 분명했지만 거기에는 그 누구도 어찌해볼 수 없는 엄청난 장애가 있었다. 그 장애는 바로 디에고 자신이었다. 디에고는 어떤 울타리 안에서도 만족할 수 없는 자유분방한 영혼을 지니고 있었다. 그런 자유로움으로 인해 아무것도 가진 것 없는, 자신과는 현실적인 조건이나 신분이 너무나도 차이가 나는 프리다 칼로를 사랑하고 결혼까지 할 수 있었지만, 바로 그러한 기질 때문에 프리다만을 사랑할 수가 없었던 것이다.

　　프리다는 미술사상 전례 없는 걸작을 제작했다. 고통을 화폭에 담은 여성은 이제껏 아무도 없었다!

　이렇게 말할 정도로 디에고의 프리다에 대한 평가와 존경은 남다른 것이었다. 그럼에도 불구하고 디에고에게는 많은 여자들이 있었다. 그중에서 가장 프리다의 마음을 아프게 한 것은 바로 그녀가 사랑하는 여동생 크리스티나와 남편 디에고의 관계였다. 분노와 배신감에 휩싸인 그녀는 성실한 아내의 역할을 포기해버리고 자유롭게 여행을 다니거나 별거하는 동안 여러 남자들과 어울렸다. 그렇다고 해서 디에고에 대한 애정이 사라진 것은 아니었다. 오히려 프리다의 뇌리에는 디에고에 대한 생각만 가득했다.
　파경을 맞았던 두 사람은 결국 재결합하게 된다. 온전히 하나가 되지 못하는 불행보다 완전히 둘로 나뉘는 고통이 더 컸던 까닭에 선택한 새로운 삶의 방식이었다. 재결합은 했으나, 즉 디에고라는 남자와 다시 동반자가 되기로 하였으나 성관계는 하지 않기로 약속하였으며 서로의 이성관계에 대해 간섭하지 않기로 했다. 그것은 디에고라는 남자를 자신의 남자로 여기는 것을 포기한 채 있는 그대로 받아들이겠다는 뜻이었다.

1949년에 그린 자화상을 보면 그녀의 이마에 디에고의 형상이 그려져 있다. 이 그림은 〈내 마음속의 디에고〉라는 제목으로도 불리는데, 디에고에 대한 프리다의 집착과 애정을 잘 보여준다. 한시도 디에고의 영향으로부터 벗어나지 못한 채 버릴 수도 가질 수도 없는 사랑에 몸부림치는 그녀의 내면이 그려져 있다. 그림이 그녀가 스스로 선택한 인생이었다면 디에고는 그녀가 피할 수 없는 운명이었다.

"그림이 내 삶을 완성했다"

재결합 이후 프리다 칼로는 오히려 더욱 그림에만 몰두했다. 그녀는 건강이 더 악화되고 있었다. 척추수술을 다시 받게 되면서 오직 자신의 고통과 싸우는 시간이 이어졌다. 고통이 극심해질수록 그녀는 자기 자신의 세계로 깊이 들어가 그림에 집착했다.

그녀의 예술혼은 더욱 강렬하게 불타오르기 시작했다. 그녀는 매일같이 서너 시간씩 그림을 그렸다. 그녀의 예술세계는 이제 온전히 디에고의 영향에서 벗어나 독창적인 세계를 구축하였고 독립적인 예술가로서의 명성도 다져나갔다.

1953년, 프리다 칼로의 개인전이 열렸다. 그녀의 생명이 얼마 남지 않았음을 감지한 디에고와 그녀의 친구들이 마련한 전시회였다. 그러나 프리다는 앰뷸런스를 타고 침대에 누운 채로 참석해야만 했다. 곱게 단장하고 있었지만 침대 위에서 조금씩 움직이는 것조차 힘들어 보였다. 사람들은 그녀의 주변으로 몰려들어 위로의 말을 던졌지만 그녀는 외쳤다.

"쾌유할 거라고요? 난 병자가 아니라니까요. 아니에요. 난 환자가 아니에요. 난 부서진 거예요. 그건 같은 게 아니잖아요. 이해 못 하시겠어요?"

전시회에서는 장례식과 같은 엄숙한 분위기가 흘렀다. 죽음의 그늘이 드리워진 채 전시가 끝이 났고 고통의 일상은 계속되었다. 디에고의 연애사건은 계속해서 예술계에서 뉴스가 되었지만 더 이상 그런 소식은 프리다에게 관심거리가 아니었다. 오직 그림에만 열중했다. 하루의 대부분을 누워서 지내거나 휠체어에 의지해서 간신히 앉아 있어야 하는 날들에 그림은 유일한 희망이었다.

그러나 병세가 짙어질수록 그녀의 손은 붓을 꼭 쥐지 못할 정도로 떨렸고 선은 불명확해졌다. 그녀는 술과 약으로 버티곤 했다. 그림조차 제대로 그릴 수 없게 된 현실이 그녀에겐 가장 큰 아픔이었다. 게다가 마지막 전시가 열린 다음 해에 그녀 인생의 마지막 시련이 기다리고 있었다. 오른쪽 다리를 잘라야 한다는 의사들의 진단이 나온 것이다.

"그러니까 그들이 내 다리를 자르겠다는 거잖아. 디에고! 내 말이 안 들려요? 그들은 좀 일찍 잘라내지 왜 이제야 생각해낸 거야. 이놈의 다리가 고통밖에 준 것이 없는데 어차피 자를 거면 진즉에 자르지! 잘라낼 거였으면 그동안 왜 걷기 위해 그 고통을 참아야 했단 말인가."

이렇게 울부짖었지만 결국 그녀는 수술을 받아야만 했다. 마지막 1년을 병상에서 보낸 후 프리다는 47세라는 아까운 나이에 죽음을 맞이했다. 그녀의 마지막 일기에는 이렇게 적혀 있었다.

나의 이 마지막 외출이 행복하기를. 그리고 다시는 돌아오지 않기를!

프리다 칼로의 그림이 고통으로 일그러진 온갖 표정을 담고 있음에도 불구하고 많은 사람들에게 감동을 주는 이유는 고통을 예술로 승화시키고, 더 나아가 그것으로 자신의 인생을 완성하고 있기 때문이다. 1953년, 그녀는 죽기 직전에 쓴 글에서 "내 그림들은 고통에 관한 이야기를 담고 있다. 적어도 몇 사람은 이 부분에 관심을 가져주리라 생각한다"라고 적은 후 이렇게 다시 이어가고 있다.

혁명적인 것은 아니다. 왜 내 그림이 호전적이기를 기대하는가? 나는 그럴 수 없다. 그림이 내 삶을 완성했다. 나는 세 명의 아이를 잃었고, 내 끔찍한 삶을 채워줄 다른 것들도 많이 잃었다. 내 그림이 이 모든 것을 대신해주었다.

자식이라는 분신을 가질 수 없었고 자신의 온 영혼을 바쳐 사랑한 남자조차 온전히 자신의 것으로 가질 수 없었던 프리다 칼로에게 그림은 삶을 완성해주는 유일하고도 전부인 모든 것이었다.

IV

죽음이 우리를
갈라 놓을지라도

이건 영원한 사랑이야.

과거 시제가 없는 사랑이지.

눈물로 된 이 세상에
나 죽으면 그만일까

§

현해탄에 몸을 던진
윤심덕과 김우진

아마도 이 책을 읽는 젊은 독자들에게는 꽤 올드하게 느껴질 1990년대는 상당히 작품성 있는 한국 영화들이 쏟아져 나오기 시작한 무렵이었다. 1991년의 영화 〈사의 찬미〉도 그중 하나이다. 타이틀 롤은 장미희가 맡았다. 스크린에서 윤심덕으로 분한 그녀는 여전히 아름다워서 "과연 왕년의 스타"라는 말이 절로 나올 정도였다.

그런데 나에게 가장 기억에 남는 것은 다른 무엇보다 연인 김우진과 윤심덕이 처음으로 함께한 밤 윤심덕의 표정이다. 그것은 마치 발화점에 달한 사랑의 아이콘처럼, 사랑에 빠져버린 여자의 상징처럼 강렬하게 내 머릿속에 남았다.

윤심덕과 김우진

세기의 스캔들, 사라진 연인

1926년 8월 3일, 두 남녀가 한국으로 가는 관부연락선 도쿠주마루에 올랐다. 여자는 당시 조선 최초의 소프라노 가수로 알려져 유명세를 타고 있던 윤심덕이었고, 남자는 전라도 거부의 아들로 신극 운동에 앞장섰던 극작가 김우진이었다. 두 사람을 실은 도쿠주마루는 그날 밤 11시에 시모노세키항을 출발했다.

그믐을 며칠 앞둔 여름밤은 한 치 앞도 보이지 않을 정도로 어두웠고 떠나온 항구의 불빛도 작은 점이 되었다가 이윽고 시야에서 사라졌다. 어디까지가 배의 갑판이고 어디부터 바다 물결인지조차 구별

되지 않을 정도로 밤은 칠흑같이 검었다. 승객들은 여름밤의 무더위에 지쳐 객실에서 모두 잠이 들었다. 8월 4일 새벽 4시가 되어갈 즈음, 순찰하던 급사가 일등실 객실의 문이 열려 있는 것을 발견했다. 손전등으로 안을 비춰보니 사람은 없고 짐만 덩그러니 놓여 있었다. 급사는 불길한 예감에 객실로 들어갔다. 여행가방 위에는 "보이에게"로 시작하는 편지 한 장과 팁 5원이 함께 놓여 있었다.

보이에게.
미안하지만 이 짐을 집으로 보내주시오.
경성부 서대문정 2정목 273번지 윤수선
전남 목포부 북교동 김수산

급사는 편지를 쥐고 황급히 조타실로 가서 배를 멈추게 했다. 잠시 후 모든 객실에 불이 들어와 대낮처럼 밝아졌다. 승조원들이 배 구석구석을 뒤지고 선장은 뱃머리를 돌려 지나온 항로 주변을 수색했다. 그러나 배 위에서도 바다에서도 김수산, 윤수선이라는 사람의 모습은 찾을 수 없었다.

수산은 김우진의 호였고, 수선은 김우진이 그의 연인 윤심덕에게 붙여준 호로, 김우진에게 윤심덕은 '수산 곁에 있는 수선'이었다. 언제쯤에 또 어느 지점에서 두 사람이 바다에 몸을 던졌는지는 알 수 없었다. 짐을 보내달라는 간단한 편지 외에는 특별한 유서 한 장조차 발견되지 않았다. 여자의 유류품에는 현금 140원과 약간의 장신구가, 남자의 유류품에는 현금 20원과 금시계가 들어 있었다.

그들은 어디로 사라져버린 것일까? 두 사람이 바다에 몸을 던지는 것을 목격한 사람도 없었다. 그저 예정 시간보다 반나절이나 늦게 부산항에 도착한 관부연락선 도쿠주마루에서 하선한 승객 중에 두 사람이 빠져 있었을 뿐이다.

다음 날인 8월 5일, 조선의 언론은 이 사건을 떠들어대기 시작했다. 윤심덕은 유명한 가수이고 김우진은 목포 대부호의 아들로 처자식이 딸린 유부남인 데다 극작가였으니 두 사람의 현해탄 동반자살이 사람들의 이목을 끌지 않았을 리 없다. 《신여성신문(The New Women's Daily)》의 속보 기사를 보자.

지난 3일 밤 11시 시모노세키에서 부산으로 향하는 연락선 위에서 젊은 남녀가 바닷속으로 뛰어들었다. 즉시 배를 멈추고 부근을 수색했으나 시체는 끝내 찾지 못했다. 두 사람은 성악가 윤심덕 씨(30)와 극작가 김우진 씨(30)로 밝혀졌다. 윤 씨와 김 씨는 동경에서 처음 만난 것으로 알려졌지만 둘이 함께 자살에까지 이른 것은 뜻밖이라 한다. 윤 씨는 최근까지 부호 아무개 씨와 염문이 있었으며, 김 씨는 부인 및 자녀들과 무탈한 결혼생활을 하고 있었기 때문이다. 다만 김 씨는 젊어서부터 한학자이자 부호인 아버지와의 갈등에 시달리며 번민하고 있었고, 윤 씨 또한 여러 소문에 시달리면서 날로 번민이 깊어졌다 하니, 이 와중에 다시 만나 동반자살을 계획하지 않았나 하는 것이 일반적인 추측이다. 일각에서는 비극적인 사랑에 희생되었다고 말하지만 마땅히 사회적 책임을 져야 할 처지로 가벼이 목숨을 버렸다는 비난 또한 피할 수 없을 것이다.

여론은 비극적인 사랑에 대한 연민보다는 비난 쪽으로 기울었다. 현해탄에서의 정사(情事)와 자살로 규정된 그 사건에 대해 사람들은 너도나도 비난을 쏟아냈다. 신문에는 각계의 반응이 실렸다.

"남녀가 다 일본 유학생이라 그런지, 부둥켜안고 정사하는 것을 보면 분명 섬사람 일본의 풍속을 배운 게 분명하다. 그들 머릿속에서는 조선 혼이 다 빠져버린 것이다. 두 사람의 죽음에 채찍질하자! 조선 사람의 명부에서 두 사람의 이름을 말살해버리자."

"그들의 죽음은 무가치한 죽음이다. 도덕과 책임을 배반한 사람들이다."

그런데 아이러니하게도 이러한 비난 속에서도 윤심덕이 마지막에 취입한 음반은 불티나게 팔려 나갔다. 특히 윤심덕이 직접 가사를 붙인 〈사의 찬미〉에 사람들은 열광했다. 2016년에 개봉한 영화 〈덕혜옹주〉에서도 옹주가 아끼는 음반으로 〈사의 찬미〉가 등장한다. 사람들은 죽음으로의 사랑 도피행을 비난하면서도 그녀의 노래에는 마음을 열었다. 목숨을 거는 사랑, 그것은 어쩌면 누구나 한 번쯤 해보고 싶지만 아무나 할 수 없는 것이기에 그들의 사랑이 사람들의 마음에 어떤 울림을 던져주었던 것은 아닐까.

찰나미에 살았던 여자 윤심덕

사랑을 표현하는 데 남자, 여자가 따로 있을 리 없지만 전통적인 여성상이 존재하던 1900년대 초에 여성들은 사랑 표현에도 소극적이었다. 그런데 윤심덕은 그렇지가 않았던 모양이다. 그야말로 신여성이라 불릴 만했다.

두 사람이 처음 만난 것은 1921년 일본 유학생들이 결성한 순례극단 동우회에서였다. 활달하고 당찬 성격의 윤심덕과 달리 김우진은 다소 소심하고 차분한 성격의 소유자였다. 윤심덕은 평양에서 그리 부유하지 않은 가정에서 태어났으나 부모의 교육열 덕분에 신식 교육을 받고 도쿄 음악학교 최초의 조선인 유학생이 되어 일본에 와 있었다. 김우진 역시 일본 와세다 대학 영문과에 재학 중인 유학생이었다. 처음 만난 이후 순례공연을 함께하면서 두 사람은 친해지게 되었는데, 그저 유학 시절의 추억쯤으로 남았을지도 모를 이 만남이 본격적인 연애로 이어진 것은 윤심덕의 열렬한 구애 덕분이었다.

어느 날 윤심덕이 갑작스럽게 도쿄에 있는 김우진의 하숙집으로 찾아왔다.

"우진 씨에 대한 내 마음을 더 이상 숨기고 싶지 않아요. 이 암울한 시대에 당신이 내게 위안이 되어주었어요."

"심덕 씨, 내게 한시라도 마음의 안일을 준 것은 당신뿐이오. 그러나 이러한 나의 마음이 자기만족만을 위한 것인지, 혹시라도 마음이 변한 다음 당신에게 무관심해지거나 하면 얼마나 이기적인 남자가 될지 두렵소. 나는 당신과 영원히 함께할 수는 없는 처지가 아니오."

"그런 것은 상관없어요. 나를 사랑해줄 수만 있다면 잠시라도 당신과 함께 있고 싶어요."

윤심덕의 적극적인 구애에 김우진은 더 이상 망설이지 않고 그녀를 받아들였고, 그렇게 시작한 열애가 두 사람의 유학 시절을 뜨겁게 달구었다.

그러나 1923년 귀국 후에는 두 사람 사이도 다소 소원해졌다. 타국에서 자유로운 마음으로 사랑을 속삭이던 김우진은 가정으로 돌아간 후에는 고향에 칩거하면서 지낼 수밖에 없었다. 그에게는 많은 의무가 있었다. 어린아이의 아빠였고 한 여자의 남편이었으며 보수적인 아버지 밑에서 집안 재산을 관리해야 하는 상속자이기도 했다. 더구나 김우진의 아버지는 예술가의 세계를 전혀 이해해주지 않는 완고한 사람이었다.

윤심덕의 상황도 좋지 않았다. 귀국 후 성악가수로서 데뷔 무대를 성공적으로 마쳤지만 그녀의 삶이 윤택해지지는 않았다. 가난한 가정 형편으로 동생들을 교육시키고 가족들을 먹여 살리는 가장의 역할을 짊어져야 했기 때문이다. 그녀는 생계의 어려움 때문에 하는 수 없이 대중가수의 길로 접어들어 레코드를 취입하기도 했지만 그다지 형편이 나아지지 않았다. 심지어 동생 유학자금 마련을 위해 이용문이라는 자에게 돈을 빌리러 다녔다가 혹독한 스캔들에 시달리기도 했다. "예술가인 척하지만 더러운 계집"이라는 욕설에 가까운 소문이 경성에 퍼지자 윤심덕은 성악가의 꿈을 접고 하얼빈행 기차에 올랐다.

하얼빈에서 돌아온 후에도 이렇다 할 활동을 하지 못하자 이를 딱하게 여긴 김우진은 그녀에게 같이 연극 분야에 헌신해보자고 제안했다.

"내가 각본을 쓰고 심덕이가 배우를 하면서 조선 연극을 발전시켜보면 어떻겠소?"

그러나 연극배우로서의 길도 실패하고 말았다. 연극은 그녀의 길이 아니었다. 모든 가능성이 다 막혀버린 듯한 상황에서 그녀는 종종 이렇게 말했다.

"나는 찰나미(刹那美)에 살아요. 이 찰나미를 잃어버린다면 나는 죽은 사람이나 마찬가지예요. 타성에 젖어 사십이 넘도록 살아 있지는 않을 작정이어요."

1926년 봄, 본격적인 집필활동으로 문단에서 인정을 받게 된 김우진은 부친과의 갈등이 더욱 심각해졌다. 예술혼을 불태울수록 현실은 암담했다. 결국 그는 아버지의 구속으로부터 벗어나기 위해 집을 나와 도쿄로 향했다. 그리고 그곳에서 집필활동을 이어갔다.

김우진이 도쿄로 갔다는 소식을 어렵게 알아낸 윤심덕은 도쿄행을 결심한다. 때마침 일본 오사카에 있는 닛토 축음기획사와 레코드 녹음 계약을 하게 된 그녀는 도쿄에서의 운명적인 재회를 꿈꾸며 일본으로 건너갔다. 7월이었다. 일본에서의 녹음은 순조롭게 진행되었다. 녹음 작업을 하는 내내 그녀의 가슴속에는 김우진에 대한 그리움이 넘치고 있었다. 결국 그녀는 김우진에게 이런 전보를 보낸다.

"당장 나에게 달려와줘요. 오지 않는다면 나는 자살해버리겠어요!"

윤심덕이 일본에 와 있으리라고는 생각지 못한 김우진은 전보를 받고 황급히 오사카로 향했다. 윤심덕의 열렬한 호소가 결국 두 사람을 운명적인 재회로 이끌었다. 윤심덕의 뜨거운 그리움은 언제나 김우진을 흔들리게 하는 물결과 같았다.

광막한 황야에 달리는 인생아

"새로운 노래를 녹음하고 싶어요. 작곡가 이바노비치의 〈도나우강의 푸른 물결〉이라는 곡에 제가 직접 가사를 붙였어요. 제목은 '사의 찬미'입니다."

윤심덕은 느닷없이 이런 제안을 했다. 예정된 녹음을 다 마친 후였다. 닛토사의 사장 타우치는 처음에는 거절했으나 그녀의 끈질긴 요청에 하는 수 없이 추가 녹음을 허락했다.

그녀의 가슴에는 알 수 없는 회한이 밀려오고 있었다. 그녀는 동생 윤성덕의 피아노 반주에 따라 〈사의 찬미〉를 부르기 시작했다. 녹음실에 있는 사람들은 숨을 죽인 채 그녀의 목소리에 귀를 기울였다.

광막한 황야에 달리는 인생아
너의 가는 곳 그 어데냐.
쓸쓸한 세상 험악한 고해(苦海)에
너는 무엇을 찾으러 가느냐.

눈물로 된 이 세상에 나 죽으면 그만일까.
행복 찾는 인생들아 너 찾는 것 설움.

웃는 저 꽃과 우는 저 새들이
그 운명이 모두 다 같구나.
삶에 열중한 가련한 인생아
너는 칼 위에 춤추는 자로다.
눈물로 된 이 세상에 나 죽으면 그만일까.
행복 찾는 인생들아 너 찾는 것 설움.

허영에 빠져 날뛰는 인생아
너 속였음을 네가 아느냐.
세상의 것은 너에게 허무니
너 죽은 후에 모두 다 없도다.
눈물로 된 이 세상에 나 죽으면 그만일까.
행복 찾는 인생들아 너 찾는 것 설움.

어쩌면 성악가로서 제법 이름을 알렸음에도 불구하고 경제적인 장벽에 갇힌 채 제대로 날아보지 못한 설움, 너무도 사랑하는 남자를 만났으나 결혼이라는 제도권 안에서 함께할 수 없는 회한, 찰나미를 맘껏 누리고 싶었지만 그 모든 것이 사그라질지도 모른다는 불안 등이 한꺼번에 밀려와 알 수 없는 감정들이 그녀 안에서 회오리쳤으리

라. 그녀의 애절한 목소리를 듣는 녹음실의 사람들조차 동화되어 눈물을 흘렸다.

노래를 마치자 닛토의 사장 타우치가 윤심덕에게 말했다.

"심덕 씨, 그 노래가 너무 감상적이지 않소? 죽음을 찬미하는 센티멘탈이란 무척 위태로울 수 있어요."

윤심덕은 아무렇지도 않은 듯 웃으며 대답했다.

"사장님, 걱정 마세요. 나는 죽음 같은 것은 생각지도 않으니까요."

그러나 바로 이틀 후 김우진과 윤심덕은 부산으로 가는 연락선에 함께 탑승했다가 현해탄에 몸을 던졌다. 윤심덕은 허망하게 갔지만 그녀가 남긴 〈사의 찬미〉가 들어 있는 음반은 당시 1만 3000장이라는 굉장한 판매를 기록했다. 어쩌면 〈사의 찬미〉를 부를 때 이미 그들은 자신들의 끝을 마음먹고 있었던 것은 아닐까? 그렇기에 그토록 애절한 감정이 표현된 것이 아닐까 하는 생각이 든다.

그들이 죽은 후에도 소문은 무성하게 이어졌다. 시신도 유서도 발견되지 않았던 탓에 이야기는 얼마든지 만들어질 수 있었다. 이탈리아의 어느 소도시에서 악기 판매상을 하며 살고 있다고도 했고, 어떤 이들은 유럽 여행을 하다가 윤심덕과 김우진을 직접 목격했다고도 했다. 그 두 사람이 선장을 매수해 세상 사람들을 속인 후 함께 유럽으로 건너갔다고들 했다. 살아서도 화제를 몰고 다니던 윤심덕은 죽은 후에도 조용히 남겨지지 못했다. 그들이 살았든 죽었든 현실에서는 누릴 수 없었던 사랑의 기쁨과 평안을 두 사람만의 세계에서 조금이라도 이루었기를 바라고픈 마음이다.

당신 없는
세상에는
살 수 없어요

$

아내의 모습을 가장 아름답게 담아낸
화가 모딜리아니

"사랑하는 사람이 죽는다는 게 어떤 건지 알아?
그건 다시는 볼 수 없다는 커다란 공포에 빠지는 거야. 그 기분은 아
무것도 보이지 않는 어둠 속에서 바닥도 닿지 않는 어딘가로 떨어지
는 기분이야."

언젠가 필자의 절친이 이런 말을 던진 적이 있다. 그 친구는 어린
시절 부친의 갑작스런 사망을 경험했는데 그때의 트라우마가 남아
어두운 공간을 극도로 싫어했다. 해가 지면 방마다 전등을 켜고 어둠
을 최대한 쫓아야만 마음이 안정된다고 했다. 어둠이 느껴지면 아버
지가 돌아가셨을 때의 공포가 다시 생생하게 떠오른다는 것이다.

보통의 이별은 아무리 다시 만나지 못한다 해도 어딘가에 그 사람
이 살아 있다는 막연한 희망 같은 것이 남을 수 있다. 그런데 죽음이

란 그렇지 않으니 이별의 고통이 훨씬 더 크리라 충분히 짐작할 수 있다.

1920년, 파리의 한 여자도 사랑하는 이의 죽음을 경험했다. 그녀의 이름은 잔 에뷔테른. 아직 20대 초반의 나이였지만 그녀의 눈에는 알 수 없는 그늘이 드리워져 있었다. 겨울에 난로도 뗄 수 없는 극심한 가난과 미래를 알 수 없는 불안 속에서도 한 남자를 사랑하고 그의 아이를 낳고 그가 처한 가난과 불행을 함께 겪어온 몇 년간의 세월 속에서 한 번도 그와의 만남을 원망한 적이 없는 그녀였다. 모든 것은 사랑이라는 이름의 또 다른 모습들이라 믿었다. 그러나 그날 아침만은 지난 몇 년간의 일들이 불행으로 점철된 저주와 같이 느껴졌다. 그녀의 남편이자 사랑하는 연인이자 그녀의 모든 것이었던 남자 아메데오 모딜리아니가 죽었다는 소식을 들었기 때문이다.

아메데오와의 마지막 인사는 시체 안치실에서였다. 가난과 마약과 술 그리고 삶에 도사린 불운이 집어삼켜 버린 남자는 죽은 후에야 평온해 보였다. 이 세상에서 누리지 못한 평안을 드디어 그는 찾은 것일까. 집으로 돌아온 그녀는 남편의 부재를 실감하지 못한 채 커다란 어둠에 휩싸이기 시작했다. 그녀는 거대한 공포의 나락으로 떨어지는 기분이었다. 추락이 언제 끝날지 가늠할 수도 없었다. 나락의 밑바닥이 어디쯤인지 짐작조차 되지 않았다.

창밖에는 여느 때와 마찬가지로 평온한 일상이 흘러갔다. 아메데오가 찾아와 추위 속에서 그녀의 이름을 울부짖으며 서 있던 그 순간들이 생각났다. 그때 부모님의 명을 뿌리치고 도망을 갔더라면 지금 아메데오는 죽지 않았을까? 창문을 열었다. 추운 겨울바람이 볼을 때리자 아메데오와의 약속이 떠올랐다.

"죽어서도 내 모델이 되어주겠소?"

아메데오는 그렇게 물었고 그녀는 약속했다.

"약속해요. 난 언제나 당신만의 모델이 될 거예요. 살아서도 죽어서도 당신만의 모델이 되겠어요."

세상으로 나오려면 한 달 남짓 남은 아이가 그녀의 배를 찼다. 그러나 그녀는 느끼지 못했다. 그 순간만큼은 어떤 현실도 어떤 미래도 그녀에게 중요하지 않았다. 오직 단 하나, 사랑하므로 함께 있어야 한다는 것, 아메데오를 혼자 둘 수 없다는 것, 그리고 아메데오가 없는 세상을 그녀 혼자서 살아갈 자신이 없다는 것만이 그녀에게는 중요했다. 그녀는 6층 창밖으로 몸을 던졌다. 아메데오를 향해….

▌ 잔과 아메데오

천사를 만난 가난뱅이 화가

두 사람은 아메데오가 죽기 3년 전에 프랑스 파리 몽파르나스의 시끌벅적한 카페에서 처음 만났다. 그곳은 언제나 보헤미안들과 예술가들로 북적이는 곳이었다. 당시 한 아카데미에서 그림을 배우는 미술학도였던 잔은 자유분방한 친구들에게 이끌려 자주 카페에 들리곤 했다. 아메데오 모딜리아니도 그곳에 자주 오는 예술가 중 한 명이었다. 두 사람은 만나자마자 서로에게 끌렸다.

"잔 에뷔테른이에요. 난 그림을 그려요, 모딜리아니 선생님. 요즘은 일본인 화가 후지타 쓰구하루 선생의 모델이기도 하죠."

"잔! 잔 에뷔테른! 이젠 후지타가 아니라 나 모딜리아니의 모델이 되어줘요!"

아메데오 모딜리아니는 비록 무명 화가였으나 그의 눈은 재치와 열정으로 불타고 있었고 그의 조각 같은 이목구비는 어린 아가씨의 마음을 흔들어놓기에 충분했다. 보헤미안처럼 다소 불안정해 보이고 퇴폐적이며 우수에 찬 모딜리아니는 다른 평범한 남자들에게서 찾을 수 없는 매력을 지니고 있었다.

모딜리아니에게 잔 에뷔테른도 마찬가지였다. 푸른 눈에 적갈색의 머리카락이 아름다운 그녀는 이제 겨우 열아홉 살, 이제 막 피어나려 하는 한 떨기 꽃처럼 싱그럽고 천진했다. 반짝이는 두 눈동자에는 평범한 여자들에게서 볼 수 없는 열정과 사랑이 빛나고 있었다. 여성 편력이 심한 모딜리아니였지만 잔은 이제까지 스쳐 지나간 어떤 여자하고도 달랐다.

1917년, 33세의 모딜리아니와 19세의 잔은 그렇게 운명처럼 만났다. 이 위대한 화가는 마지막 인생의 불꽃을 얼마 남겨두지 않은 시점이었고—물론 본인은 알지 못했지만—신은 그를 위해 준비한 마지막 선물로 그의 위대한 천재성을 끄집어내줄 천사를 보내주었던 것이다.

처음부터 두 사람은 어울리는 한 쌍이 아니었다. 비록 잔이 개방적인 친구들과 어울리고 그림을 공부하고 있었지만 딸의 재능을 아까워한 부모가 그림 공부를 허락했을 뿐, 사실 그녀의 집안은 보수적인 가톨릭 집안인 데다 전형적인 부르주아 가정이었다. 가난뱅이인 데다 술주정뱅이에 폐병 환자인 모딜리아니와 잔은 어울리지 않았다. 그럼에도 불구하고 잔은 가족과의 인연을 끊고 아메데오와 함께 살았다.

그해 12월, 아메데오가 베르트 베이유의 갤러리에서 처음으로 개인전을 열었을 때 두 사람은 행복의 단꿈에 젖어 있었다. 세상이 아메데오의 재능을 알아주길 간절히 바라면서. 새로운 것을 좋아하는 베르트 베이유가 아메데오의 누드 작품을 쇼윈도에 내걸자 지나가는 사람들마다 관심을 보였다. 그러나 아메데오의 첫 개인전은 거기까지였다. 쇼윈도의 작품을 발견한 경찰이 제지했던 것이다.

"저런 그림을 공개적인 장소에 내걸다니! 당장 치우시오."

전시회는 얼마 되지 않아 문을 닫고 말았다. 어처구니없이 끝나버린 그 전시가 아메데오의 처음이자 마지막 개인전이었다. 실의에 빠진 화가와 그의 어린 아내에게 시인이자 화상이었던 친구 레오폴드 츠보르스키는 이렇게 제안했다.

"지중해 쪽으로 가서 잠시 머무는 게 어때? 자네 건강을 위해서도 잔을 위해서도 그게 좋을 거야. 지금 파리는 독일군의 폭격으로 폐허가 되었잖아. 전쟁 때문에 난리라고. 니스는 전쟁의 포화를 피한 곳이니 그곳에 머물면서 그림에 집중해봐. 내가 조금이라도 자네 그림을 팔아볼 테니."

친구의 제안에 따라 아메데오와 잔은 니스로 거처를 옮겼다. 츠보르스키는 모딜리아니의 작품을 부유한 지중해 지방에서 판매해보려 했다. 몇 점의 작품을 팔기도 했으나 돈은 얼마 되지 않았다. 그럼에도 아메데오는 이 니스 시절 동안 높은 평가를 받는 걸작들을 그려냈다.

그리고 그해 11월, 잔은 첫딸을 낳았다. 보헤미안의 자유로운 영혼을 가진 아메데오도 첫아이를 얻자 행복감에 젖어들었고, 그런 심경의 변화 때문인지 이 무렵에는 아이들이나 소년소녀의 그림을 자주 그렸다. 그의 건강도 조금 회복되는 듯했다.

동공 없는 눈이 말하는 것

잔 에뷔테른의 눈은 언제나 따뜻한 시선으로 사랑하는 남자 아메데오를 바라보았다. 그것은 이해였고 포용이었고 받아들임이었다.

이해하려는 의지, 포용하려는 의지를 통한 받아들임이 아니라 가슴에서 우러나오는 사랑의 물결 속에서 자연스럽게 아메데오의 모든 것을 사랑스러운 눈길로 바라보았다. 아메데오와의 삶은 평안하지 않았지만 그럼에도 불구하고 샘솟는 사랑은 멈추지 않았다. 잔의 따뜻한 시선이 아메데오를 살게 했고 또 그리게 했다. 아메데오는 자신을 따듯하게 바라봐주는 잔에게 보답이라도 하듯 세상에서 가장 신비하고 아름다운 눈을 창조해냈다. 바로 그의 화폭에서 말이다.

아메데오는 두 사람의 인연이 시작된 지 얼마 되지 않았을 때 〈목걸이를 하고 있는 잔 에뷔테른〉이란 작품을 그렸다(1917년 작). 여기에는 섬세하고 부드러운 잔의 눈길이 잘 드러나 있다. 이듬해인 1918년에는 〈앉아 있는 잔 에뷔테른〉을 그렸다. 좀 더 목이 길어지고 눈동

▌ 목걸이를 하고 있는 잔 에뷔테른(1917)
▌ 앉아 있는 잔 에뷔테른(1918)

자가 신비로워진 그림이다. 고개를 갸우뚱하고 무언가를 바라보는 여인의 모습에서 아메데오를 향한 그녀의 사랑이 느껴진다. 어쩌면 아메데오가 작업을 하는 모습을 잔은 이렇게 그윽한 눈길로 바라보곤 하지 않았을까. 그림 속 여자의 눈은 맑은 보석처럼 투명한 푸른 빛을 띠고 있다.

동공이 없는 눈은 아메데오 모딜리아니가 그린 인물화의 가장 큰 특징이다. 동공이 없는 눈은 간혹 다른 화가의 그림에서도 발견되지만 모딜리아니만큼 그에 집중하고 자기만의 특징으로 아름답게 만들어낸 화가는 없었다. 동공이 없는 눈은 더 많은 이야기와 느낌을 전할 수 있는 눈이었으며 보는 이로 하여금 깊은 내면세계까지 들여다볼 수 있게 하였다. 화가 모딜리아니가 그리는 동공 없는 눈빛이 점점 더 깊어지고 아름다워질수록 두 사람의 사랑도 깊어졌다. 1919년, 잔은 아메데오의 두 번째 아이를 임신했고, 비록 사실혼 관계인 두 사람이었지만 그해 7월 증인을 앞에 두고 결혼할 것을 약속하는 서약서를 썼다.

그러나 두 사람이 함께 세 번째의 겨울을 맞이할 무렵 닥친 현실의 벽은 너무나 높았다. 1919년 겨울이 다가왔을 때 잔에게는 두 살 난 어린 딸과 배 속의 아이가 있었다. 난로도 없는 방에서 술에 취하거나 그림 작업에 미쳐 있는 남편과 겨울을 날 수는 없었다. 그녀는 하는 수 없이 어린 것들의 안위를 위해 친정으로 돌아가 겨울을 나기로 했다.

그런데 아메데오에게 적대적인 그녀의 부모는 다시는 딸과 아메데오가 만나지 않기를 바랐다. 더 이상의 불행을 막기 위해서였다. 홀로 남겨진 아메데오는 잔이 그리워지는 밤이면 그녀의 집 앞에 와서 추운 겨울바람 속에서 소리쳤다.

"잔! 잔, 돌아와!"

그러나 아무리 외쳐도 잔은 빠져나갈 수 없었다. 그녀의 부모가 철저하게 그녀를 통제했기 때문이다. 그런 밤이면 아메데오는 그녀의 집 앞에서 쪼그리고 앉아 있다가 돌아가곤 했다. 아메데오는 조금씩 지쳐갔다. 몸은 더 쇠약해지고 외로움과 고독감에 그의 마음도 힘을 잃어갔다. 잔이 없는 세상에서는 그림조차 그릴 수 없을 것 같았다. 발작적인 기침과 토혈이 계속되었다.

해를 넘겨 1920년 1월이 되었다. 그의 건강은 이미 상당히 악화되어 있어서 잔의 집 앞으로 찾아가는 것조차 할 수 없었다. 여러 날 바깥출입을 하지 못하던 그는 이웃에게 발견되어 자선병원으로 옮겨진 후 이틀 만에 눈을 감았다. 그의 병명은 결핵성 뇌막염이었다.

속삭이듯 사랑을 담아낸 그림

평생 병치레와 가난이 따라다녔던 불행한 화가, 그러나 비극적인 운명까지 함께해준 잔 에뷔테른이 있었기에 그 누구보다 행복했던 남자, 아메데오 모딜리아니. 그는 1906년 23세의 젊은 나이에 파리에 정착하여 10여 년의 세월 동안 치열한 창작혼을 불태우다 1920년

36세의 아까운 나이에 세상을 떠났다. 그 세월 동안 그는 400점에 가까운 유화 작품과 약간의 조각 작품을 남겼다. 특히 잔 에뷔테른을 만난 이후 마지막 생애 3년 동안은 사랑도 예술도 가장 뜨겁게 불타오른 시간이었으며 그녀를 모델로 그린 인물화는 그를 대표적으로 상징하는 그림으로 남았다.

살아 있을 때는 한 번도 제대로 팔아보지 못한 그의 그림 값이 사후에는 무려 500배 이상 뛰어올랐고, 자살로 그를 따라간 잔 에뷔테른과의 슬픈 사랑 이야기는 그의 신화를 더욱 감동적인 것으로 만들어주었다.

죽음의 강을 건너 아메데오를 따라간 잔이었지만 오랜 기다림 끝에야 아메데오와 함께 묻힐 수 있었다. 그녀의 부모가 여러 해가 지난 후에야 묘의 합장을 허락했기 때문이다. 두 사람의 묘비에는 다음과 같은 글이 새겨져 있다.

> "아메데오 모딜리아니. 1920년 1월 24일 파리에서 죽다. 이제 바로 영광을 차지하려는 순간에 죽음이 그를 데려가다."
> "잔 에뷔테른. 1920년 1월 25일 파리에서 죽다. 모든 것을 모딜리아니에게 바친 헌신적인 반려."

1920년 1월 24일 그리고 다음 날인 25일, 아메데오와 잔의 사랑은 죽음으로 끝이 났다. 그러나 몇 달 전 그들에게 잠깐 희망의 빛이 비치기도 했다. 1919년 5월, 망사르 화랑에서 기획한 '프랑스 화가 단체

전'에 출품한 그의 작품이 영국 평단의 큰 호평을 받은 것이다. 이 단체전을 통해 아메데오는 처음으로 피카소, 마티스처럼 근대 프랑스 회화를 이끄는 주요 인물로 급부상했다. 영국의 미술수집가들이 그의 작품에 관심을 보였다. 그러나 너무 늦게 찾아온 희망이었다. 어쩌면 그것은 희망이 아니라 오히려 더 큰 슬픔이었는지도 모른다. 이제 막 빛이 보이려 하는 순간, 그의 건강은 이미 돌이킬 수 없을 만큼 나빠져 있었기 때문이다.

아메데오 자신도 그것을 알고 있었는지도 모른다. 그가 죽기 며칠 전 작업실에서 찍은 사진에서 그는 고개를 돌린 채 멍하니 앉아 있는 모습이다. 삶에 대한 의지는 엿보이지 않는다. 아니, 살 수 없다는 것을 알고 이미 모든 것을 체념하고 있는 듯하다.

그의 알코올 중독과 마약, 자기 파괴적인 행동들은 어쩌면 하루하루 긴박하게 다가오는 죽음의 시간에 대한 두려움이 아니었을까. 자신의 재능이 빛을 볼 날이 먼저 올지, 죽음이 먼저 다가올지 아슬아슬한 시간 위를 그는 걷고 있었다. 그리고 잔인하게도 운명은 그의 묘비명에 쓰여 있듯이 이제 막 빛을 보려는 찰나 그에게서 생명의 빛을 거두어 갔다.

나는 내 인생이 즐겁게 흘러가는 풍요로운 강물이 되기를 원해. 난 지금 자신에게서 끝없는 창조의 가능성을 느끼고 있어. 작품을 만들고 싶은 욕구가 마구 솟아올라!

청소년 시절 아메데오가 미술학교 친구 오스카 길리아에게 쓴 편지의 내용이다. 즐겁게 흘러가는 풍요로운 강물이 되기를 원했던 소년 시절, 그는 자신의 삶이 불운과 절망으로 점철되리라는 것을 전혀 알지 못했으리라. 다행스러운 것은 그가 '즐겁게 흘러가는' 강물이 되지는 못했지만 '풍요로운' 강물이 될 수는 있었다는 것이다. 죽기 3년 전에 운명적으로 만난 잔 에뷔테른을 모델로 미친 듯이 그려낸 그림들이 있으니 말이다. 그 3년의 시간 동안 그는 사랑으로 가득 찼고, 사랑은 창작으로 이어져 무려 30점에 가까운 잔의 초상화를 그려냈다. 비평가 클로드 루아는 잔의 초상들에 대해 이렇게 평했다.

이 작품들에서 모딜리아니는 거의 속삭이듯 말한다. 사랑에 빠진 남자가 연인의 귀에 밀어를 속삭이듯 그렇게 그림에 속삭이고 있다.

비록 생전에 인정을 받지는 못했지만 그는 자기 안에 들어 있는 예술혼을 모두 다 꺼내 불살랐던 것이다.

내 아들의 재능은 아직 형성되지 않아서 내가 생각하고 있는 것을 함부로 말할 수 없다. 아메데오는 응석받이 아이처럼 행동하지만 인지능력이 부족한 것은 아니다. 우리는 이 외피 안에 있는 것을 잠자코 기다려야 한다. 아마도 예술가가 아닐까?

모딜리아니의 어린 시절 그의 재능을 일찌감치 알아보고 키워주려고 애쓴 어머니는 이렇게 일기장에 적었다. 물론 어머니는 자신의 아들이 그 외피 안에 잠재된 예술혼을 불태우기 위해 얼마나 치열하고 고통스럽게 살게 될지는 알지 못했다. 그러나 그 모든 고통 또한 아메데오가 겪어야만 하는 과정이었는지도 모른다. 모딜리아니에게 잔 에뷔테른과의 만남과 사랑이 운명이었다면 예술가로서의 삶 또한 운명이었을 것이다.

사랑하였으므로
진정 행복하였네라

시인 유치환과
시조시인 이영도의 착한 불륜

　　사랑의 방정식이란 시대에 따라 이렇게도 바뀌고 저렇게도 바뀌는 것이니 무엇이 정석인지 함부로 말할 수는 없지만 '사랑' 하면 으레 육체적인 부분까지 따라오는 요즘의 생각으로는 이해하기 힘든 사랑이 바로 청마 유치환과 시조시인 정운 이영도의 관계이다. 당대에도 그들의 사랑은 세상 사람들의 이목을 끌었는데, 그런 관심은 유치환이 결혼한 남자인 데다 이영도가 남편을 병으로 잃고 혼자서 딸을 키우는 편모였던 까닭이 크다.

　　그러나 그들은 보란 듯이 성적 순결을 지키며 정신적 사랑에 몰두했다. 시를 쓰는 사람들이었으니 순간순간 영혼과 마음 깊숙한 곳을 뒤흔드는 감성과 느낌들이 주는 정신적 희열이 육체적인 쾌락을 훨씬 능가하는 것이었는지도 모른다. 더구나 그러한 감흥이 시가 되어 흘러나왔으니 그들에게 사랑은 가장 생산적인 것이기도 했다.

"나는 열네 살 때부터 벌써 한 소녀를 사랑했습니다. 그리고 나의 생애에 있어 이 애정의 대상이 그 후 몇 번 바뀌었습니다. 이 같은 절도 없는 애정과 방황은 나의 커다란 허물이 아닐 수가 없습니다."

유치환은 자기 스스로 이렇게 쓴 적이 있을 만큼 사랑에 대한 열정과 감수성이 풍부한 사람이었다. 그것은 그가 여색을 밝히는 사람이어서라기보다는 섬세한 감성과 치열한 정신적 감각이 살아 있었기 때문일 것이다. 남들이 느끼지 못하는 부분까지 섬세하게 느끼는 이에게 사랑은 더 큰 회오리로 다가오는 법이니까.

그는 자신에게 있어 "여성은 단지 섹스의 대상이 아니라 그 이상의, 마치 고독한 밤 항해에서 아득히 빛나는 등대불과 같고, 마리아를 통해 천주에게 이르듯이 채울 수 없는 허망을 비추는 구원의 길과 같다"고 말했는데, 이영도와의 사랑을 통해서 자신의 그 말을 지켜 보인 셈이다.

오랜 기다림의 사랑

"안녕하십니까? 새로 온 유치환입니다."

유치환이 동료 교사들에게 처음으로 인사를 할 때 유독 눈에 띄는 여인이 있었다. 한복을 곱게 차려입고 머리를 정갈하게 올린, 해맑고 온유한 표정이 참으로 인상적인 이영도 선생이었다.

청마 유치환이 통영여자중학교에 교사로 부임해 온 것은 1945년 해방 직후였다. 해방 직전 가족들을 데리고 고향으로 돌아와 있다가 그해 10월에 발령을 받은 것이다. 37세의 그는 이미 30대 초반에 낸 첫 시집이 인정을 받아 문단에서 큰 주목을 받고 있는 시인이었다. 그의 대표작으로 알려진 〈깃발〉도 첫 시집에 실려 있었다.

    이것은 소리 없는 아우성
    저 푸른 해원을 향하여 흔드는
    영원한 노스탤지어의 손수건
    ⋮
    아! 누구인가
    이렇게 슬프고도 애달픈 마음을
    맨 처음 공중에 달 줄을 안 그는

강한 의지가 넘치는 시를 쓰던 유치환은 통영으로 돌아와 교사로서 새 생활을 시작하고 나서, 정확히는 이영도라는 여자를 알게 되면서부터 조금씩 달라졌다. 〈깃발〉과 같은 강한 어조의 시를 쓰던 시인은 이제 사춘기 소년처럼 설레는 마음으로 우체국 앞에 앉아 푸른 하늘을 배경 삼아, 쪽빛 바다를 종이 삼아 한 자 한 자 정성 들여 연인에게 자신의 마음을 고백하고 있다.

누가 봐도 아름답고 품위 있는 여성이었던 이영도는 유치환보다 아홉 살 연하였는데 젊은 시절 남편을 결핵으로 잃고서 딸 하나를 키우고 있었다. 그러나 그러한 조건들은 아무런 문제가 되지 않았다. 사랑에 빠진 유치환은 하루 종일 교무실에서 이영도와 짧게 스치듯이 마주치는 순간만을 고대했다. 그리고 언제부터인가 자신의 감정을 더 이상 숨기지 않고 이영도에게 편지를 쓰기 시작했다. 통영의 푸른 하늘과 쪽빛 바다는 모두 영도에 대한 그리움을 담는 풍경이 되었다. 그가 거의 매일같이 영도에게 보낸 연서들 중 일부는 지금까지 전해지고 있다.

그의 뜨거운 마음은 시가 되어 흘러넘쳤다. 사랑은 가장 풍부하고도 신비로운 영감의 원천이었다. 누구나 한 번쯤 읽어보고 또 공감해보았을 〈행복〉이란 시는 거기서 나왔다.

오늘도 나는
에메랄드빛 하늘이 환히 내다뵈는
우체국 창문 앞에 와서 너에게 편지를 쓴다.

행길을 향한 문으로 숱한 사람들이
제각기 한 가지씩 생각에 족한 얼굴로 와선
총총히 우표를 사고 전보지를 받고
먼 고향으로 또는 그리운 사람께로
슬프고 즐겁고 다정한 사연들을 보내나니.

세상의 고달픈 바람결에 시달리고 나부끼어

더욱더 의지 삼고 피어 헝클어진

인정의 꽃밭에서

너와 나의 애틋한 연분도

한 방울 연연한 진홍빛 양귀비꽃인지도 모른다.

── 사랑하는 것은

사랑을 받느니보다 행복하나니라.

오늘도 나는 너에게 편지를 쓰나니

──그리운 이여, 그러면 안녕!

설령 이것이 이 세상 마지막 인사가 될지라도

사랑하였으므로 나는 진정 행복하였네라.

한 학교에서 일하는 동료 교사가 날이면 날마다 편지를 보내오고 애틋한 눈빛을 거두지 않으니 영도는 참다못해 유치환에게 부탁을 하기도 했다.

"유 선생님, 더 이상 저에게 편지를 보내지 말아주세요. 유 선생님께서는 가정이 있는 분이시고 저 또한 처녀가 아니라 남편을 잃고 혼자서 딸아이를 기르는 처지이니 어찌 우리의 관계가 세상 사람들에게 올바른 것으로 보이겠어요?"

"세상 사람들의 눈이 뭐 그리 중요하겠소? 오직 나에게는 내 진실이 중요할 뿐이오."

"아무리 진실이라 해도 우리의 만남이 어떻게 옳은 일이 될 수 있겠어요….”

영도의 부탁에도 불구하고 유치환의 구애는 계속되었지만 영도는 조금도 틈을 보이지 않았다. 그런 유치환의 안타까움은 다시 시가 되어 흘러나왔다. 우리가 잘 아는 〈파도〉라는 시다.

파도야 어쩌란 말이냐
파도야 어쩌란 말이냐
임은 뭍같이 까딱 않는데
파도야 어쩌란 말이냐
날 어쩌란 말이냐

통영 앞바다에서 끊임없이 바위를 때리는 파도가 유치환 자신처럼 느껴졌던 것일까. 이렇게 그는 마치 영혼의 동반자, 영혼의 반려자라도 만난 양 자신의 저 깊은 속에서 솟아오르는 연정을 누를 길이 없어 그녀 곁을 맴돌았다.

오면 민망하고 아니 오면 서글프고

3년에 걸쳐 청마 유치환의 러브레터가 연일 날아들자 완강하게 거부하던 영도의 마음도 흔들리기 시작했다. 사실 마음이야 이미 청마에게 기울어 있었는지도 모른다. 그러나 자신의 원칙과 세상의 눈을 생각해 선을 긋고 도망치려 했으나 긴 세월을 두고 뜨겁게 다가오는 마음을 계속해서 거부할 재간이 없었던 듯하다. 어느 날부터인가 그녀 역시 유치환의 편지에 답장을 하기 시작한다. 그녀의 이런 마음은 〈무제〉라는 시에도 잘 나타나 있다.

오면 민망하고 아니 오면 서글프고
행여나 그 음성 귀 기울여 기다리며
때로는 종일을 두고 바라기도 하니라

정작 마주 앉으면 말은 도로 없어지고
서로 야윈 가슴 먼 창만 바라다가
그대로 일어서 가면 하염없이 보내니라.

영도의 답장이 날아들기 시작하고 간간이 함께하는 시간을 허락하자 유치환의 사랑은 더욱 애틋하고 깊어졌다. 그 사랑은 다른 학교로 전근을 간 후에도, 6·25 전쟁의 소용돌이 속에서도 세월의 흐름에 따라 계속 이어져갔다. 그러면서 사람들의 입방아에 오르내리기도 했다. 두 사람의 사랑은 통속의 범주에 근접하지 않고 순수한 정신적인 사랑에 머물렀다 해도 세상의 눈은 그러한 이들을 때때로 쉽게 폄하해버리기 때문이다. 영도는 이렇게 말하곤 했다.

"우리의 행동이 옳을진대 어찌하여 빛을 피하고 사람을 피하겠어요?"

유치환 역시 이렇게 말했다.

"나는 당신을 욕되게 하지 않을 자신이 있습니다!"

스스로 "나의 목숨을 송두리째 붙들고 뒤흔드는 당신"이라고 표현할 정도로 영도에 대한 애정이 지극했던 유치환은 이 지고지순한 사랑을 지켜가기 위해 애를 썼다.

언젠가 내가 말씀드린 것 기억하시는지요? 결코 당신을 욕되게 하지 않을 자신이 있다는 말. 그것은 당신을 범하지 않으리라는 것을 의미하는 것이었습니다. 표면에 나타난 우리의 행동을 두고 세상이 무어라 말하더라도 나는 결코 파계하지 않을 것입니다. 이미 나는 몇 차례 여성과의 연애를 겪은 일을 당신도 잘 아십니다. 그러나 당신과의 애정에 있어서는… 육체적인 것, 그것만을 내가 추구했다면 나는 벌써 당신에게서 희망을 버리고 다른 데로 옮아갔을 것입니다.

편지가 차곡차곡 쌓여가면서 영도의 마음에도 청마가 차곡차곡 쌓여갔다. 그러한 감흥은 그녀의 시가 되어 나왔다. 사랑이 깊어지자 이영도의 시심도 점점 무르익어 많은 작품들이 터져 나온 것이다. 1953년 무렵부터 여러 잡지에 시조시 작품을 자주 발표하더니 1954년에는 드디어 자신의 첫 시조집 《청저집(靑苧集)》을, 1958년에는 첫 수필집을 내놓았다.

편지 안에 고이 접어 넣은 마음

　1967년 2월은 영도에게 가장 잔인한 달이었다. 20년을 연모해온 청마가 영영 그녀의 곁을 떠난 것이다. 청마 유치환은 저녁 9시가 넘은 시각에 부산시 동구 좌천동 앞길에서 교통사고를 당하여 부산대학병원으로 후송 도중에 사망했다. 영도는 그의 마지막 가는 모습조차 보지 못했다. 청천벽력 같은 일이었다. 남편도 아니고 오라비도 아니니 청마가 떠난다 한들 현실적인 '살이'에는 별다른 변화가 없을지 모르지만 영혼 깊숙한 곳에 뿌리내리고 있는 사랑이 슬피 우는 까닭이었다.

　청마의 별세 소식을 접한 영도는 고이 간직하고 있던 청마의 편지들을 다시 꺼내보았다. 무려 5000통에 달하는 편지들에는 한결같은 사랑과 그리움이 빼곡히 적혀 있었다. 그 아름다운 사랑의 글귀들은 한 번도 세상에 당당하게 모습을 드러내지 못한 채 둘만의 이야기로 숨겨져야 했다. 두 사람의 사랑이 그랬던 것처럼.

　청마가 타계한 후 여러 출판사에서 청마의 편지를 책으로 내자는 요청을 해왔지만 그때마다 영도는 세상에 공개할 성질의 것이 아니라며 고개를 저었다. 그런데 통속적인 관심사에 목말라하던 여성지들이 여기저기서 청마의 편지를 받아 게재했다. 주로 청마가 자신의 여제자들에게 보낸 편지였다. 상황이 이렇게 되자 영도는 청마의 명예를 위해 잡다한 여성관계의 소문을 잠재우고자 자신이 가지고 있던 편지들을 공개하기로 마음먹었다. 당시 출판사 등록만 해놓고 이렇다 할 책을 내지 못하고 있던 이근배 시인을 부산 애일당(愛日堂, 정운선생 집의 당호)으로 불렀다. 최계락 시인도 함께였다. 영도는 두 사람에게 말했다.

"이 서간들은 청마가 남긴 유품이나 다름없습니다. 끝까지 공개하지 않으려 했으나 세상인심이 청마 선생을 모욕하게 될까 염려되어 공개하기로 마음먹었습니다."

"아니, 이게 몇 통이나 됩니까?"

"5000통이 넘습니다."

"예? 이걸 모두 청마가 보냈다는 겁니까?"

"네. 전부 다 책으로 낼 수는 없으니 이 중에서 200통 정도 추려서 냅시다. 이제 이 세상 사람이 아니니 그분도 세상의 눈으로부터 조금은 자유로울 수 있을 겁니다. 또 인세는 나의 것이 아니니 문학상 기금으로 사용해주십시오."

이렇게 하여 세상에 나오게 된 책이 바로 긴 사랑의 서간집 《사랑하였으므로 행복하였네라》이다. 물론 이 책을 출간하고 나서 영도는 세상의 온갖 이목과 구설수에 시달려야 했지만 그럼에도 불구하고 책은 큰 반향을 불러일으켜 오래도록 베스트셀러로 남아 많은 사람들에게 잔잔한 감동을 주었다.

사랑한 운!

목마르게 부르던 이름이었습니다. 당신이 무어라 한들 나는 당신의 것입니다. (…) 새해에는 둘이서 어디나 가서 우리의 편지들을 정리합시다. 긴 세월 아프고 서럽던 사연들을 다시 읽음으로써 우리 서로가 깊은 애정을 돌릴 수 있고 더욱 사랑하게 되리라 믿습니다. 우리의 편지를 정리해 곱게 책을 냅시다. 얼마나 우리가 사랑하고 목숨을 다해왔음을 세상에 증명할 때가 왔습니다. (…) 세속들이 우리의 애정을 얼마나 부러워하겠습니까? 사랑이라는 것을 부끄러운 죄처럼 숨기려고 하던 당신이 요즘 들어 '애정 서한집'을 내는 데에 동의하는 것을 보아 어쩌면 당신이 죽으려는 것이나 아닌지 생각이 미쳐 모골이 송연해집니다. 그럴 리 없겠지요. 우리가 진정 어느 하나를 잃는다면 당신이나 내가 살 수 있겠습니까?

서한집에 실린 마지막 편지이다. 1965년 12월 31일의 편지인데 그로부터 14개월 후에 유치환은 교통사고로 떠나게 된다. 혹시나 영도가 세상을 떠나서 이별하게 되지나 않을까 하던 그의 염려는 어쩌면 자신의 죽음으로 인한 이별에 대한 예감이었을까? 어느 한 사람이 죽는다면 나머지 한 사람은 도저히 살 수 없을 거라 말하던 그가 영도를 홀로 두고 먼저 떠나버렸다.

1968년, 이영도는 시조시집 《석류》를 발표했다. 유치환이 고인이 된 지 꼭 1년 만이었는데 여기에도 유치환에 대한 그리움을 엿볼 수 있는 작품들이 몇몇 실려 있다. 〈무제 2〉라는 시가 있다.

저녁 어스름 박꽃 같은 나의 정은

수석(水石)에 구름이 일듯 조요로운 멋일레.

차라리 말이 없어 당신은 바위인데

내 인생은 여울지는 실계곡

춘정(春情)에 돋는 속잎을 멧새들이 노닌다.

유치환이 떠나고 9년이 흐른 1976년 3월에 이영도는 세상을 떠났다. 그가 떠날 때와 똑같은 59세의 나이였다. 지금은 그 둘이 주고받은 편지들이 어디에 보관되어 있는지, 아니면 사라졌는지 알 수 없다. 다만 그들이 남긴 사랑 이야기만 잔잔한 감동을 전해줄 뿐이다.

불륜은 불륜이니 감동을 준다는 표현도 어불성설이나, 윤리의 잣대를 던지고 인간 본연의 감정으로만 본다면 참으로 진실하고 영롱한 여운이 있다. 또 사랑이 시심이 되어 주옥같은 작품들을 쏟아내게 하였으니 그들에게 서로를 향한 사랑은 범인들이 보지 못하는 시의 깊은 세계로 그들을 인도하는 구원이었을지도 모르겠다. 두 사람이 사랑의 도피행이라도 벌였다면 이 이야기는 통속으로 끝나버리고 말았을 것이다. 그러나 지극한 인내심과 상처로 버텨낸 20년의 시간이 있었기에 그들의 이야기를 전해 들은 사람들에게 오래도록 여운으로 남는 것이리라.

세상이
우리를 버려도
포기할 수 없어요

§

세계를 떠들썩하게 한
존 레논과 오노 요코의 사랑

오노 요코와 존 레논의 이야기를 이 책에 넣을
까 말까 조금 망설였다. 아는 사람은 다 알겠지만 세기의 사랑으로
불리는 두 사람에 대해서는 호불호가 명백하게 갈린다. 아니, 어쩌면
아직은 성과 가정에 대해 보수적인 편인 우리나라에서는 '불호' 쪽이
훨씬 우세할 것이다. 솔직히 나 역시 이들의 사랑을 그리 아름답게만
보기는 힘들다. 각자 결혼해서 아이까지 있었던 사람들이 서로의 배
우자를 '단번에' 잘라내고 결합한 커플이기에 무조건 그 사랑에 박수
를 보내기가 거북한 탓이다.

그럼에도 불구하고 존 레논과 오노 요코의 드라마는 흥미진진하
다. 소울 메이트로서 그들이 뿜어내는 케미는 솔직히 누가 봐도 부러
울 정도다. 그런 그들을 바라보는 필부필녀는 그저 자신의 배우자나

자신의 연인 앞에 존 레논 혹은 오노 요코 같은 소울 메이트가 나타나지 않기를 기도할 수밖에 없지 않을까. 그런 소울 메이트와 운명적으로 맞닥뜨리게 되는 날에는 그 누구라도 가정과 사랑 사이에서, 오래된 사랑과 새로운 사랑 사이에서 갈등하다가 결국 도덕이나 의리를 버리고 사랑을 택하게 될 확률이 무척 크기 때문이다.

존 레논은 죽을 때까지 오노 요코를 찬양하고 경배하고 또 그녀에게 열광했다. 운명의 신이 질투를 한 것인지, 그런 존 레논을 오노 요코가 보는 앞에서 죽음의 세계로 데려가버리기 전까지는 말이다. 세상이 온갖 손가락질과 비난과 모멸을 퍼부어도 포기하지 않았던 그 사랑을 두고 존 레논은 죽음의 강을 건넜다. 레테의 강물을 마시며 그는 이승의 일을, 오노 요코를 다 잊을 수 있었을까?

이건 영원한 사랑이야

20세기 최고의 팝 가수로서 젊은이들의 우상이던 존 레논과 떠오르는 전위예술가 오노 요코가 처음 만난 것은 1966년 영국 런던의 인디카 갤러리에서였다. 런던 아방가르드 예술가들의 거점이었던 그곳에서 오노 요코가 작품전을 열고 있었다.

전시장의 여러 작품들 중에 존의 눈길을 끄는 것이 있었다. 사다리를 타고 올라가 벽 사이에 쓰여 있는 작은 글씨를 돋보기로 보는 작품이었다. 호기심이 발동한 존은 그 사다리를 타고 올라가 돋보기를 들여다보았다. 뜻밖에도 거기에는 사회 비판적인 아방가르드 작품에서는 전혀 나올 것 같지 않은 한 단어가 쓰여 있었다.

"YES!"

신선한 인상을 받은 존 레논은 다른 작품도 주의 깊게 돌아보다가 또 하나의 작품에 눈길이 머물렀다. 〈못을 박기 위한 페인팅(Painting to hammer a nail)〉이었다. 존은 초면인 오노 요코에게 물었다.

"내가 여기다 못을 박아도 될까요?"

유명인사인 존 레논이 작품에 관심을 보인다는 것만으로도 들뜨기 십상인 상황이었지만 도리어 오노 요코는 존을 특별하게 대하지 않으려 했다.

"5실링을 내면 그림에 못을 박을 수 있을 거예요."

그러자 존은 웃으면서 오노의 위트에 위트로 답했다.

"그럼, 내가 5실링을 주었다고 상상하고 상상 속에서 못을 박으면 되겠군요."

서로의 눈길이 서로에게 머물렀다. 그도 그것을 느꼈고 그녀 역시 느꼈다. 그것은 서로의 가슴을 강렬하게 자극했다. 어쩌면 오노 요코가 회상한 것처럼 "요란하게 충돌"한 첫 만남이었으며, 존 레논이 회상한 것처럼 "그때가 진짜 만난 때"였고 "그 뒤로 역사가 이뤄졌다." 존과 오노는 서로의 집과 작업실, 스튜디오, 거리… 그 어디서든 만나 사랑을 확인하고 예술에 대해 교감했다.

여기서 잠깐, 당시 존 레논이 얼마나 대스타였는지를 잠시 음미해 보자. 존 레논은 영국의 록 밴드 비틀즈의 작곡가이자 싱어송라이터였다. 비틀즈는 존이 오노 요코를 만나기 2년 전인 1964년에 이미 영국을 넘어 미국까지 그 유명세를 떨치고 있었다. 미국은 비틀즈에 열광했다. 그에 대해 존은 "비틀즈는 예수 그리스도보다 더 유명하다"라는 도발적인 발언으로 논란을 야기시킨 적이 있었을 정도다.

그런데 그에게는 정식 데뷔 전인 무명 시절에 결혼한 아내 신시아와 어린 아들 줄리안이 있었다. 그들은 결혼할 때 신혼여행도 다녀오지 못했는데 그 후에도 비틀즈가 내놓은 음반마다 빅히트를 치면서 더욱 바빠진 그는 가정에 계속 충실하지 못했다. 그러다가 오노 요코를 만난 것이다. 존보다 일곱 살 연상인 서른셋의 전위예술가 오노 요코에게도 첫 번째 남편과 이혼하고 동료 예술가인 앤서니 콕스와 재혼하여 낳은 딸 교코가 있었다.

수십 년이 지난 지금의 시각으로 봐도 존과 오노의 사랑은 세간의 축복을 받기는 힘든 모양새다. 더구나 전 세계 여성들의 사랑을 받고 있던 존 레논이었기에 그 사랑만큼 오노 요코에게 쏟아진 비난은 거셌다. 그녀는 비틀즈의 존 레논을 훔쳐 간 마녀로 인식되었다.

그러나 두 사람은 주변의 반응이나 현실적인 조건 따위에는 전혀 개의치 않았다. 1968년 2주 동안 그리스 여행을 갔다가 집으로 돌아온 신시아, 즉 존의 아내는 자신의 주방에서 가운만 걸친 채로 나오며 인사를 건네는 일본인 여자와 맞닥뜨려야 했다. 신시아는 존을 간통죄로 고소했고 곧이어 정식 이혼이 성립되었다. 물론 존은 신시아에게 10만 파운드의 위자료를 주고 아들 줄리안을 위한 양육비를 책임지기로 합의했다. 오노 역시 1969년 2월 두 번째 남편이었던 앤서니 콕스와 정식 이혼했고, 존은 콕스의 영국 체류 허가를 위한 비용과 체류 비용은 물론 그가 빌려 쓴 10만 달러와 스튜디오 임대료, 아파트 임대료 등 모든 재정적인 비용을 부담해주었다.

존과 오노라는 두 소울 메이트의 결합을 위해서는 많은 사람들이 상처를 받아야 했지만 두 사람은 사랑을 포기할 수 없었던 모양이다. 현실의 장애가 클수록 존의 사랑은 더욱 간절해져서 그는 1969년에 발표한 곡 〈Don't Let Me Down〉에서 이렇게 노래했다.

나는 난생 처음 사랑에 빠졌어.
이 마음이 오래갈 것이라는 걸 넌 모를 거야.
이건 영원한 사랑이야. 과거 시제가 없는 사랑이지.

존에 이어 오노 역시 정식 이혼 절차를 마무리한 직후인 1969년 3월, 두 사람은 결혼했다. 존이 노래한 것처럼 두 사람의 사랑이 이전에도 없었고 이후에도 없을 영원한 사랑이라고 확신했기 때문이다.

우리가 섹스를 할 거라 생각했어?

영국의 가난한 노동자 가정에서 태어난 존 레논과 일본의 부유한 은행가 집안에서 태어나 현대적인 고급교육을 다 받고 성장한 전위예술가 오노 요코. 두 사람의 결합은 단순히 남과 여의 결합이 아니

┃ 존 레논과 오노 요코의 침대 위 시위(1969)

라 두 예술혼의 결합이었다. 그것을 증명이라도 해 보이듯 1969년 결혼식을 올린 후부터 두 사람은 전위적인 파격 행보를 보였다.

　시작은 네덜란드 암스테르담의 호텔에서 벌인 '베드 인(Bed in)' 행사였다. 비틀즈의 핵심 멤버인 존 레논이 일주일 동안 아내와 침대에 머문다는 소식에 기자들이 벌 떼처럼 몰려들었다. 그리고 막 결혼한 두 사람이 침대에서 어떤 퍼포먼스를 보여줄지에 뜨거운 관심을 보였다.

　"침대에서 뭘 하는 것이죠?"

　"우린 그저 평화를 위해 노력하고 있는 중입니다."

기자들은 존과 오노가 언론이 보는 앞에서 섹스를 하는 파격적인 행동을 할 거라고 기대했지만 그런 일은 일어나지 않았다. 그러나 비틀즈의 가수인 존 레논이 팝 음악이 아니라 반전 평화운동의 길로 본격적으로 접어든 모습은 침대에서 섹스를 벌이는 것 못지않게 사람들에게 충격을 주었다.

그리고 의견 대립과 멤버들의 신변 변화 등으로 삐걱거리던 비틀즈는 자연스럽게 해체 수순을 밟았다. 존과 오노가 결혼한 지 1년 후인 1970년에 해체된 것이다. 그러자 오노 요코는 비틀즈를 해체시킨 주범으로 몰리며 세상 사람들로부터 다시금 비난을 받았다.

이처럼 존은 오노를 만난 이후 가정도 버리고 비틀즈도 버렸지만, 그것이 꼭 오노 때문이라고 할 수만은 없다. 폴 매카트니가 솔로 앨범을 내면서 이미 비틀즈가 해체되는 것은 시간 문제였고, 존 자신도 비틀즈로부터 탈출하여 자유로운 길을 걷고 싶었다고 말한 바 있으니까 말이다. 그럼에도 불구하고 오노가 결정적인 계기가 된 것만은 분명하다.

그렇다면 존은 왜 그토록—가정과 비틀즈를 버리고 새로운 모험의 인생을 선택했을 만큼—오노를 사랑했던 것일까? 요코가 왜 존을 사랑했는지를 궁금해하는 사람은 별로 없었다. 세상 사람들이 생각하기에 존은 사랑할 만한 남자였으니까. 현실적으로나 이상적으로나 그는 전 세계 여성들이 갖고 싶어 하는 남자로 간주되었으니까 말이다. 그러나 반대의 질문은 수시로 제기되었다. 존과 달리 오노는 남자라면 누구나 갖고 싶은 그런 여자로 보이지는 않았던 것 같다. 존은 왜 요코를 사랑했을까? 이에 대해 존 스스로 그 이유를 말한 적이 있다.

> 사람들 눈에 요코가 어떻게 보이든 나한테는 최고의 여성이다. 비틀즈를 할 때부터 내 주변에 예쁜 여자들은 얼마든지 널려 있었다. 하지만 그들 중에 나와 예술적 온도가 맞는 여자는 없었다. 난 늘 내 음악을 이해하는 여성을 만나 사랑에 빠지는 꿈을 꿔왔다. 나와 예술적 상승을 공유할 수 있는 여자 말이다. 요코가 바로 그런 여자였다.

말하자면 존은 오래전부터 꿈꿔오던 이상형을 오노 요코에게서 발견한 셈이다. 비틀즈로부터 벗어나 자유의 몸이 된 존은 반전 평화운동을 벌이면서 동시에 음악 활동을 이어나갔다. 그는 모국인 영국이 미국의 월남전을 지원하고 나서자 엘리자베스 여왕으로부터 받았던 대영제국 공로훈장을 미련 없이 반납했을 정도로 반전과 평화를 뜨겁게 갈망했다.

그는 오노를 만나기 전인 1964년 미국에서 가진 기자회견에서 "우리의 모든 노래는 전쟁을 반대한다"라고 발언한 바 있다. 어쩌면 그의 내재된 사상과 열정을 오노가 끄집어낸 셈이다. 오노는 팝 가수에 머물러 있던 그의 사상과 세계를 넓혀주었다.

이매진, 세상에 평화를 외치다

암스테르담 호텔에서 둘만의 퍼포먼스를 통해 평화운동을 벌인 두 사람의 행보는 이후 본격적으로 전개되었다. 1969년, 두 사람은 전 세계의 대도시에 이런 메시지가 담긴 플래카드를 내걸었다.

"War is over, if you want it."

그것은 전 세계 사람들로부터 엄청난 관심을 불러일으켰다. 비틀즈 해체 후 미국으로 건너간 존은 오노와 함께 뉴욕을 중심으로 더욱 활발하게 반전 평화운동에 앞장서며 사회적 실천가로서 활동했다.

그가 발표하는 음악도 이전의 것들과는 달랐다. 특히 그가 미국에서 발표한 〈이매진(Imagine)〉은 커다란 반향을 일으키며 빌보드 앨범 차트 1위를 기록했다. 1971년 존 레논이 솔로로서 발표한 두 번째 앨범에 수록되어 있는 〈이매진〉은 존 레논의 사상은 물론 오노 요코와 합일된 사랑의 결정체와 같은 곡이었다. 이는 1960년대 초반에 나온 오노의 저서 《그레이프프루트(Grapefruit)》에서 영감을 받아 만들었다고 한다. 훗날 오노 요코는 이렇게 말한 적이 있다.

존과 나는 둘 다 아티스트였고 서로의 세계에 관심이 많았다. 그래서 우리가 서로 상상하는 것을 교류하며 담았다. 그리고 그레이프프루트는 내가 좋아하는 과일이었는데 그것은 오렌지와 레몬이 접목된 과일이라 할 수 있다.

말하자면 〈이매진〉은 두 아티스트의 세계가 오렌지와 레몬처럼 접목되어 나온 명곡이다.

우리나라에서는 피겨스케이터 김연아가 2014년 초 갈라쇼 무대에서 배경음악으로 사용함으로써 더욱 친근해진 곡이다. 이처럼 수십 년이 지나도록 많은 인기를 누리고 있는 대중음악이지만 거기에 담겨 있는 메시지는 결코 가볍지 않다.

> 상상해보세요. 국경이 없는 세상을.
> 누구를 죽이거나 죽을 이유도 없겠지요.
> 상상해보세요. 모든 사람이 평화롭게 사는 것을.
> 상상해보세요. 소유가 없는 세상을.
> 모든 사람이 이 세상을 함께 공유하는 것을….

〈이매진〉은 사랑과 평화의 메시지를 함축하고 있다. 이것은 존 레논에게 생뚱맞은 것이 아니었다. 그는 오노 요코와 살면서 많은 곡을 작곡했는데 거기에는 하나같이 사랑과 평화에 대한 메시지가 들어 있다. 그가 "당신이 원한다면 전쟁은 끝난다"라는 플래카드를 내건 것도, 비폭력과 평화를 주장하며 반정부 투쟁을 계속해나간 것도, 〈이매진〉이라는 노래를 지은 것도 결국 같은 메시지를 던져주고 있는 것이다.

존 레논은 오노 요코와 함께 서로 상상하는 세계를 나누면서 음악의 깊이를 더해갔다고 전해진다. 평화에 대한 열정으로 함께 곡을 만들고 또 사랑을 나누던 두 사람은 존 레논이 말한 것처럼 "예술적 온도가 맞는" 두 영혼이었던 것만은 분명하다.

현실이라 믿을 수 없던 그 겨울밤에

세상의 온갖 질시와 비난에도 불구하고 각자의 가정과 아이들까지 외면한 채 결합한 이 세기의 커플 역시 별거와 재결합 등의 우여곡절을 겪었다. 그러면서 여느 부부와 마찬가지로 더욱 웅숭깊은 사이가 되어갔다. 둘 사이에 태어난 아들 션이 세상 모두가 비난한 두 사람의 결합을 합법적이고도 정당한 것으로 만들어주었고, 스스로가 말하듯이 두 사람의 딱 맞는 예술적 온도는 그 무엇과도 비견될 수 없는 강력한 끈이 되어 둘을 완전한 하나로 결합해주었다. 이렇게 오래도록 해로할 것 같던 두 사람 사이에 운명의 날이 다가왔다.

1980년 12월 8일. 존 레논이 마흔이 된 해가 거의 끝나갈 무렵이었다. 늦은 밤 뉴욕의 아파트로 귀가하고 있을 때 한 사람이 그를 부르며 다가왔다. 불과 몇 시간 전에 존의 팬이라며 사인을 받아 갔던 마크 데이비드 채프먼이라는 남자였다. 곧이어 네 발의 총성이 울렸다. 그리고 그 네 발의 총격이 영국이 낳은 세계적인 뮤지션 존 레논을 쓰러뜨렸다. 예술적 동지이자 평생의 연인이 쓰러지는 것을 현장에서 목격한 오노 요코는 비명을 지르며 몸부림쳤다. 병원에 도착했을 때 존은 이미 싸늘한 주검이 되어 있었다.

존을 쏜 채프먼은 경찰이 도착할 때까지 J. D. 샐린저의 《호밀밭의 파수꾼》을 읽었고, 존을 죽인 것에 대해서는 이렇게 말할 뿐이었다.

"레논을 죽이라는 목소리를 들었다. 난 그 목소리가 시키는 대로 했을 뿐이다."

존 레논의 암살은 그가 5년 만에 컴백 앨범 〈Double Fantasy〉를 발표한 직후였다. 그 앨범은 결국 유작이 되고 말았는데, 앨범 첫 곡에는 〈새 출발하듯(Just Like Starting Over)〉이란 곡이 실려 있었다.

매일 우린 사랑을 나누곤 했지.
왜 우리 둘은 멋지고 편하게 사랑을 나누지 못할까.
이제 우리들의 날개를 펴고 훨훨 날아가야 할 때야.
또 하루가 우리들의 사랑을 비껴가지 않도록, 마치 새 출발하는 것처럼 말이야.

존은 노래에서 소망한 것처럼 오노와 함께 새 출발하지 못했다. 존은 이 세상이 아닌 새로운 세계로 떠났고 오노는 이 땅에 남아 존이 없는—그녀로서는 상상하지 못했던—낯선 삶을 맞이하게 되었다.

세상은 또다시 그녀를 '존 레논을 죽인 마녀'라고 비난했다. 그러나 오노 요코는 그런 잔인한 비난과 남편의 부재 속에서도 삶을 향한 애착의 끈을 놓아버리지 않았다.

그녀는 오노 요코 자신의 '삶'을 살아나갔다. 조형예술가, 팝 가수, 영화 제작자, 반전 운동가, 페미니스트로 왕성하게 활동했으며 굳건히 홀로서기를 했다. 존이 떠나고 약 20년이 지난 2000년대 초에는 자신의 40년간의 예술 세계를 재조명하는 회고전 〈예스 오노 요코 (YES ONO YOKO)〉를 세계 각지에서 개최하기도 했다. 존 레논을 만나기 전에나 존 레논을 떠나보낸 후에도 그녀에게 삶은 여전히 'YES' 였던 모양이다. 그녀는 행위예술과 개념미술로 현대예술에 영향을 끼친 일본의 대표적인 전위예술가 겸 음악가로 꼽히고 있다.

에
필
로
그

고맙다,
나에게 흔적을 남겨준 당신

 드디어 에필로그를 쓴다. 그것은 본문 집필이 다 끝나고 출간 준비가 막바지에 이르렀음을 의미한다. 보통은 원고를 집필하면서 미리 에필로그에 넣을 내용을 일부 써놓거나 머릿속에 구상이라도 해놓곤 한다. 그러나 이번에는 이상하게도 막상 쓰려고 하니 머릿속에 구상조차 되어 있지 않다는 것을 새삼 깨달았다.
 왜 그랬을까? 잠시 생각을 해보았다.
 머리는 비우고 가슴에만 담아두었던 탓이라고 한다면 말장난일까….
 이 책 속에 나오는 수많은 남자와 여자들의 파란만장한 사랑과 그 사랑이 한 작품 한 작품으로 잉태되는 드라마 같은 과정을 벅찬 가슴으로 함께 유영하느라 머리는 하얗고 가슴만 벅찼던 듯하다.

 이 책을 기획하게 된 것은 '사랑 이야기'가 쓰고 싶어서였다.
 흔하디흔한 필부필녀의 사랑이 아니라 내로라하는 화가, 소설가, 시인, 가

수, 철학자… 등의 좀 특별한 사랑을 엿보고 싶었다. 일상의 쳇바퀴를 도느라 감성이 무뎌진 필부필녀도 감당하기 쉽지 않은 사랑이라는 감정의 회오리들을, 예민한 감각과 날 선 감성을 가지고 있는 그네들이 어떻게 견디고 버텼을까? 그것이 알고 싶어서였다.

처음에는 사랑이라는 감정의 유희를 맘껏 묘사하고 찬양하고 미화하고 또 천천히 음미해보려고 했다. 그러나 다 쓰고 나자 조금은 쓸쓸한 느낌이 든다. 어떤 사랑도 영원하지 못하고, 그토록 운명적인 만남도 가을에 단풍이 들었다가 겨울의 혹한을 맞이하듯 퇴색하고 마는 만고의 진리를 새삼 엿본 듯 가슴이 스산하다.

그러나 어둠을 비추는 빛처럼 쓸쓸함을 위로해주는 한 가지 사실이 있었다. 그것은,

모든 사랑은 흔적을 남긴다는 것이다.

굳이 상처라고 말하고 싶지 않다. 흔적이다. 내 삶에 누군가를 향한 사랑이 머물렀던, 지울 수 없는 흔적! 소설 〈롤리타〉에서 롤리타(돌로레스의 애칭)라는 어린 소녀에게 빠진 남자 험버트가 자신의 삶을 'pre-dolorian(선 돌로리아기)'과 'post-dolorian(후 돌로리아기)'으로 나누듯이 우리들은 우리들만의 돌로레스를 만나기 전과 후로 각자의 삶을 정의할 수 있을지도 모른다. 돌로레스는 내 삶에 흔적을 남겼으므로, 돌로레스를 만나서 사랑하기 전과 그 후의 나는 다른 사람이고, 삶도 다른 삶이다.

흔적을 남겨준, 나만의 당신에게 감사하고 싶다.

나는 그 흔적을 따라간다. 사랑이 남긴 흔적이 시가 되고 노래가 되고 철학이 되어서 인류에게 정신적 소산을 남기게 되는 그 신비스러운 과정을 말이다. 존 레논은 오노 요코를 만나 〈이매진〉이라는 명곡을 남겼고, 철학자 니체는 루 살로메를 만나 〈차라투스트라는 이렇게 말했다〉를 쓸 수 있었다. 모딜리아니는 잔 에뷔테른을 사랑했기에 눈동자가 없는 여인상이라는 자신만의 화풍을 창조해냈고, 로댕은 카미유 클로델이 있었기에 〈생각하는 사람〉이 들어가는 대작 〈지옥의 문〉에 대한 영감을 계속해서 끌어올릴 수 있었다.

이 책에는 상당한 인문학적 지식과 교양 정보도 함께 나온다. 그러나 그러한 부분들은 단순히 상식의 그릇을 넓혀주는 텍스트가 아니라 그 남자 그 여자들의 삶에 여울진 사랑의 흔적을 상징하는 텍스트로 읽혀지기를 바란다. 찬란한 고통과 달콤한 유희의 흔적 말이다.

이별할 때 우린 가장 사랑한다.

그렇기에 오노 요코가 말했듯 삶은 언제나 'Yes!'이고 사랑도 언제나 'Yes!'이리라. 다시 돌아가서 화두를 던진다. 그들은 어떻게 사랑했을까?

또다시 꽃피는 봄을 기다리며
박은몽

나는 하늘 아래 나아갔고,
시의 여신이여!
그대의 충복이었네,
오, 랄라!
난 얼마나 많은 사랑을 꿈꾸었는가!

— 아르튀르 랭보, 〈나의 방랑생활〉 부분

초판 1쇄 인쇄 2017년 4월 18일
초판 1쇄 발행 2017년 4월 25일

지은이   박은몽
펴낸이   이희철
기획   출판기획전문(주)엔터스코리아
편집   김정연
마케팅   임종호
북디자인   디자인홍시
펴낸곳   책이있는풍경

등록   제313-2004-00243호(2004년 10월 19일)
주소   서울시 마포구 월드컵로31길 62(망원동, 1층)
전화   02-394-7830(대)
팩스   02-394-7832
이메일   chekpoong@naver.com
홈페이지   www.chaekpung.com

ISBN   979-11-88041-01-5 03100

값은 뒤표지에 있습니다.
잘못된 책은 바꿔드립니다.

이 도서의 국립중앙도서관 출판시도서목록(CIP)은 서지정보유통지원시스템 홈페이지
(http://seoji.nl.go.kr)와 국가자료공동목록시스템(http://www.nl.go.kr/kolisnet)에서
이용하실 수 있습니다. (CIP제어번호 : CIP2017008075)